KB164013

청소년들의 진로와 직업 탐색을 위한
잡프러포즈 시리즈 20

진실을 담아 진심을 전달하는

쇼핑호스트

진실을 담아
진심을 전달하는

쇼핑호스트

민주홍 지음

조금도 위험을 감수하지 않는 것이
인생에서 가장 위험한 일일 것이라 믿는다.

– 오프라 윈프리, Oprah Winfrey –

이 세상에 열정 없이 이루어진
위대한 것은 없다.

– 게오르크 빌헬름, Georg Wilhelm –

C·O·N·T·E·N·T·S

C·O·N·T·E·N·T·S

♥

안녕하세요? 여러분!
TV를 보는 사람이라면 채널을 돌리다가
홈쇼핑을 본 적이 있을 거예요.
혹은 일부러 홈쇼핑 채널을 찾아 본 분도 있을 거고요.
홈쇼핑은 이제 우리 생활에서 아주 익숙한 것이 되었어요.

빨간 사과를 한입 베어 물며 맛깔나게 소개하는
예쁜 색깔의 옷을 입어보며 맵시 나게 소개하는
화장품과 가전제품, 렌터카, 보험 등 다양한 제품을 소개하는
TV 속의 쇼핑호스트 민주홍이에요.

저는 우리나라 최연소 쇼핑호스트로 시작해
NS홈쇼핑 최우수 쇼핑호스트 상을 수상하고
지금은 신뢰 가는 쇼핑호스트를 꿈꾸고 있어요.

지금까지 생방송을 6,000번 가까이 진행했지만
아직도 처음 만나는 수많은 상품들과 밀당을 해요.
밀어야 할까, 당겨야 할까 고민하고 또 고민하죠.
그래서 어렵기도 하지만 아직도 이 일이 설레고 재밌어요.

이 일은 단순히 상품을 소개하는 작업은 아니에요.

상품마다 저만의 노하우와 경험, 아이디어로

각각의 날개를 달아줘야 하죠.

정답은 없어요.

그래서 많이 고민하고 연구해야 해요.

제가 단 날개의 도움으로 멀리 날아오를 수 있도록 말이에요.

진실을 담아 진심을 전하는 일,

그게 바로 쇼핑호스트의 일이에요.

진실을 구분하기 위한 분석력과 관찰력,

진심을 담아내기 위한 기획력과 통찰력이 그래서 필요한 거죠.

쇼핑호스트란 직업에 호기심이 들어

이 책을 넘겨보고 있다면 제 프러포즈를 받아줄래요?

여러분은 이미 시간과 가능성을 가지고 있잖아요.

원하면 무엇이든 될 수 있어요.

열정만 준비하세요!

그럼, 먼저 기다리고 있을게요.

쇼핑호스트 선배 민주홍 ♥

첫인사

토크쇼 편집자 – 편

쇼핑호스트 민주홍 – 민

編 먼저 자기소개를 부탁드려요.

民 안녕하세요. 저는 우리나라에서 최연소 쇼핑호스트로 이 일을 시작한 민주홍이라고 해요. 제가 스물세 살에 처음 쇼핑호스트가 되었는데 저처럼 빨리 시작한 사람이 없었어요. 대학을 졸업하자마자 입사한다고 해도 보통 스물네 살이 되니까요. 저는 지금 NS홈쇼핑에서 일하고 있으며, 네 살 아들을 둔 엄마이기도 해요.

編 당시에 최연소 쇼핑호스트라고 하셨는데 왜 제일 어렸죠? 고졸이면 쇼핑호스트가 될 수 없나요?

民 쇼핑호스트 서류전형에서 4년제 대학이 필수요건은 아니에요. 고졸이어도 쇼핑호스트가 될 수 있죠. 하지만 고등학교를 막 졸업한 사람의 그 나이 때 경험으로는 주부 고객을 대상으로 멘트를 만들어 내고 상품을 이해하기란 쉽지 않아요. 최소한 스물 세 살이나 스물네 살이 될 때까지 대학 등에서 어느 정도 경험을 쌓아야 이 일을 수월하게 해낼 것이라 보기 때문에 그렇게 어린 사람은 채용하지 않는다고 생각해요.

🔲 대학에 다닐 때 합격한 건가요?

🔲 저는 어려서부터 꿈이 명확했어요. 쇼핑호스트란 직업이
정말 하고 싶어서 미리부터 준비한 덕에 졸업하기 전인 4학년
2학기 때 합격했죠.

🔲 이 일을 한 지는 얼마나 되셨나요?

🔲 스물세 살이었던 2005년에 시작했으니 14년 차네요. 인
터뷰를 준비하다 보니 14년간 생방송을 몇 번이나 했을까 궁
금하더라고요. 그래서 헤아려봤더니 최소 5,500번 정도 되는
것 같아요. 데이터가 남지 않아 정확한 횟수는 모르지만 아마
도 5,500~6,000번 사이일 거예요.

🔲 쇼핑호스트라는 직업을 선택한 이유가 있나요?

🔲 초등학교 때 방송 쪽에 관심이 많았어요. 그 이후로도 관
심이 줄지 않아 고등학교 때는 방송반 활동을 했고 대학교도
방송 특기자로 가게 되었죠. 여러 방송 분야 중에서도 내가 뭔
가를 기획하고 멘트도 하면서 주도적인 역할을 할 수 있는 일
은 뭐가 있을까 고민했어요. 그러다 쇼핑호스트에 눈이 가게
되었죠. 쇼핑호스트는 본인이 기획을 하고 멘트도 한다고 하

더라고요. 그때부터 쇼핑호스트란 꿈을 가지게 되었어요.

편 NS홈쇼핑을 선택한 이유가 있으세요?
민 쇼핑호스트를 준비하면서 알게 된 NS홈쇼핑은 2005년 당시에는 농수산홈쇼핑이라는 이름이었어요. 농수산품을 비롯한 다양한 식품을 비중 있게 다루는 회사였는데, 전문분야가 있는 차별화된 방송사라는 것이 가장 마음에 들었어요. 식품이라는 것은 맛이 없거나 신선하지 않거나 혹은 깨끗하지 않으

면 판매되더라도 반품률은 높고, 재구매율은 낮잖아요. 정직한 상품, 바른 상품을 판매해서 승부를 보겠다는 그 다짐과 포부가 느껴져서 좋았고요. 방송사에 아는 사람이 없어서 회사 내부 분위기는 어떤지, 실제 쇼핑호스트의 생활은 어떤지 등 구체적인 정보는 몰랐지만 회사의 바른 이미지에 끌려 지원했어요.

편 다른 방송사와 비교해서 NS홈쇼핑, 어때요?

민 따뜻해요. NS홈쇼핑은 온전히 방송에만 집중할 수 있는 스튜디오와 좋은 근무환경, 화려하고 멋진 사옥을 갖추고 있는 회사인데요. 이런 것보다 더 좋은 점은 바로 따뜻한 회사라는 거예요. 매년 하루는 재방송을 틀고, 그날은 회사 구성원이 모두 모여 체육대회를 해요. 회사 직원뿐만 아니라 가족도 함께 참여해서 멋진 추억을 담아가고 있죠. 그리고 1년에 한 번씩은 부모님을 모시고 회사 견학을 하며 식사를 하고 선물도 받아가요. 멋지죠? 부모님께 제가 일하는 곳을 보여드릴 수 있어서 기뻐요. 부모님이 정말 좋아하시거든요. 이게 바로 효도 아닌가요?

편 이 직업을 프러포즈하는 이유는 뭔가요?

민 TV에 나오는 홈쇼핑을 보면 화려한 사람들이 나와 상품을 소개하죠. 처음에는 과연 내가 저렇게 화려한 일을 할 수 있을까 생각했지만 볼수록 그 일이 매력적으로 느껴졌어요. 상품을 소개하고 권하는 저 수많은 말들이 누군가 적어준 대본에서 나오는 것이 아니라 본인이 기획해서 본인이 하는 이야기라면 나도 정말 하고 싶다는 생각이 들었죠. 그렇지만 어떻게 하면 저 일을 할 수 있는지는 잘 몰랐어요. 막연했죠. 여러분 중에도 졸업 후에는 어떤 일을 해야 할까, 나에겐 어떤 일이 어울릴까 생각하면 막연해지는 분들이 있을 거라 생각해요. 꿈이 있다 하더라도 어떻게 하면 그 꿈을 이룰지 막막한 분도 있겠고요. 저 역시 꿈은 명확했지만 어떻게 하면 쇼핑호스트가 될 수 있는지 물어볼 곳이 없었어요. 그런 과거가 있기에 이 책을 통해 쇼핑호스트를 꿈꾸는 학생들에게 이 직업에 대해 이야기해주고 싶어요. 쇼핑호스트는 홈쇼핑의 꽃이라고 하잖아요. 화려해 보이지만 그 이면을 살펴보면 마냥 아름답지도 않으며 많은 것들이 숨겨져 있죠. 그 모든 내막을 다 알고 14년간 일해 왔음에도 이 일은 여전히 매력적이에요. 이 매력 넘치는 직업을 여러분께 구체적으로 또 재미있게 알려드리고 싶어요.

쇼핑호스트란

쇼핑호스트라는 직업에 대해 소개해주세요.

편 쇼핑호스트라는 직업에 대해 소개해주세요.

민 사전을 보면 쇼핑호스트란 홈쇼핑 전문 채널에서 쇼핑 관련 프로그램을 진행하는 전문직이라고 되어 있어요. 저는 쉽게 얘기해 쇼핑호스트란 상품에 날개를 달아주는 사람이라고 생각해요. 쇼핑호스트는 각 상품에 맞는 날개를 달아 고객에게 날아가도록 가치를 부여하는 일을 하는 거죠. 각 상품마다 어떤 날개가 어울릴지 고민하고 분석하는 일도 하면서요. 상품을 과장하지 않고 가치와 진실을 담아 포장해 진심과 함께 전하는 일이 바로 제가 하는 일이에요.

편 쇼핑호스트라고도 하고 쇼호스트라고도 하잖아요. 어떤 게 맞는 건가요?

민 회사마다 사용하는 명칭이 다르죠. TV 홈쇼핑에는 생방송을 하고 있는 채널인 NS홈쇼핑, GS홈쇼핑, CJ오쇼핑, 현대홈쇼핑, 롯데홈쇼핑, 홈앤쇼핑, 아임쇼핑이 있어요. 그리고 T-커머스TV와 Commerce가 결합된 단어로 텔레비전을 통한 상거래라고 녹화한 방송을 틀어주는 채널인 K쇼핑, SK스토아, 신세계쇼핑, 쇼핑앤티,

W쇼핑이 있는데요. 이 회사들 중에서 NS홈쇼핑과 GS홈쇼핑 단 두 군데만 쇼핑호스트라고 불러요. 나머지는 쇼호스트라고 부르고요. 두 단어의 의미는 같지만 회사마다 부르는 이름이 다르니 면접을 보러 갈 때는 조심해야겠죠?

어떻게 이 직업이 생겼는지 궁금해요.

편 어떻게 이 직업이 생겼는지 궁금해요.

민 1995년도에 TV 홈쇼핑이 처음 생기기 시작했고, TV 홈쇼핑의 진행자가 필요해지면서 쇼핑호스트란 직업도 그때 등장하게 되었죠. T-커머스가 생긴 건 2012년이고요. 둘 다 역사는 짧지만 단기간에 급성장한 분야라고 할 수 있죠.

편 최초의 쇼핑호스트가 누군지 아세요?

민 몇 분 계시는데요, 대표적으로는 알려진 분은 유난희 쇼핑호스트예요. 그분이 국내 1호 쇼핑호스트라고 해요. 쇼핑호스트로 활약한지 6년 만에 쇼핑호스트 최초로 연봉 1억을 받으며 이 직업을 대중에게 널리 알렸죠.

편 당시에는 홈쇼핑 채널이 몇 개 정도 있었나요?

민 1995년도에는 CJ오쇼핑과 GS홈쇼핑 2개 채널만 있었어요. 설립 시기를 보면 몇 개월밖에 차이가 나진 않지만 CJ오쇼핑이 먼저 설립을 해서 최초라는 타이틀이 있고요. 그리고 6년 후인 2001년에 NS홈쇼핑, 롯데홈쇼핑, 현대홈쇼핑 세 군데가 설립되었죠. 그 후에 홈앤쇼핑, 아임쇼핑 등이 설립되었고요.

쇼핑호스트는 구체적으로 어떤 일을 하나요?

편 쇼핑호스트는 구체적으로 어떤 일을 하나요?

민 방송하는 과정을 구체적으로 이야기해드리면 쇼핑호스트가 어떤 일을 하는지 알 수 있을 거예요. 먼저 방송 일주일 전혹은 열흘 전에 사전 미팅을 해요. PD, MD, 협력사 직원과 쇼핑호스트가 참석을 하는데요. 첫 미팅에서는 해당 상품에 대한 설명을 듣게 되죠. 그리고 방송 전까지 상품을 분석하고 어떤 날개를 달면 좋을지 고민하며 준비해요. 그리고 상품에 따라 두 번째 미팅을 하기도 하는데, 이때 생방송에서 진행할 주요 소구점, 최근 이슈, 무대 콘셉트 등과 관련된 아이디어 회의를 하죠. 생방송이 있는 날, 두 시간 전에 분장을 하고 의상을 입어요. 그리고 한 시간 전에 감독님들, 기술 스텝 분들과 간단한 회의를 하죠. 회의가 끝나면 스튜디오로 가서 상품 준비를 시작해요. 방송 20분 전이 되면 다 같이 첫 설명의 리허설을 한 번 하고, 드디어 한 시간 가량 생방송을 진행하는 거죠. 방송이 끝난 후에는 PD, MD, 협력사 직원이 다 같이 모여 사후 미팅을 하고요.

편. 생방송은 보통 한 시간인가요?

민. 보통은 한 시간 단위로 방송을 하는데, 어떤 경우 40~120분까지 하기도 해요.

편. 생방송 외에 또 어떤 일을 하나요?

민. 먼저 상품에 대한 공부가 있는데요. 협력사로부터 상품의

더 알고 싶어요!

소구점

기업이 소비자로 하여금 자사 제품에 대해 관심을 갖고 구매할 수 있도록 강조하는 점을 말해요.

광고 소구

광고를 소비자들에게 전달할 때 사용하는 표현 방법을 말해요. 이성적 소구 방법과 감정적 소구 방법이 있는데, 이성적 소구 방법은 자사의 브랜드가 선택될 수밖에 없는 합리적 이유를 설명하거나 객관적인 근거를 제시함으로써 표적 소비자에게 제품에 대한 지식과 정보를 제공하는 광고전략을 말해요. 반면, 감정적 소구 방법은 소비자들의 특별한 감정에 호소하는 방법으로 언어자극이나 시청각적 자극을 통해 소비자들의 심리적이거나 사회적인 욕구를 자극함으로써 광고대상에 대해 좋거나 싫은 감정을 느끼게 하려는 전략을 말하죠.

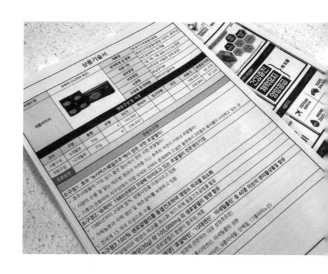

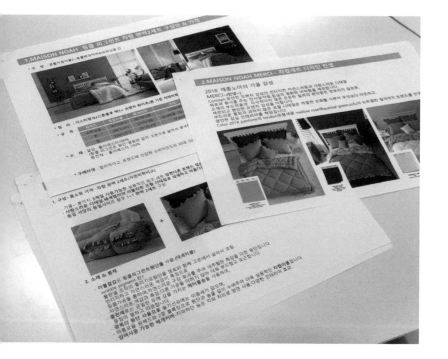

기술서를 받는데 그걸 한 번 눈으로 쓱 본다고 해서 능숙하게 상품을 설명할 수는 없어요. 어떤 식으로 소개할 것인지 정하고 소구점을 잡으려면 우선 상품에 대해 자세히 공부하고 잘못된 정보를 전달하는 일이 없게끔 디테일한 부분까지 꼼꼼히 살피며 멘트 개발을 해야 하죠. 판매할 상품은 직접 사용해보면서 핸들링도 연구해요. 핸드볼에서 핸들링은 볼을 다루는 솜씨라고 하는데요. 쇼핑호스트에게 핸들링은 상품을 다루는 솜씨예요. 예를 들어 화장품 크림을 설명할 때 카메라를 향해 펴 바르는 단순한 핸들링 외에 두들기거나 누르거나 거꾸로 들거나 하는 등 다양한 나만의 핸들링을 연구하죠. 그리고 경쟁상품의 시장 현황에 대해서도 분석하고 있어요. 경쟁사 상품에는 어떤 것이 있는지 조사하고 그 상품과 우리 회사 상품의 장점과 단점을 분석하는 거죠. 또 소비 트렌드가 굉장히 빨

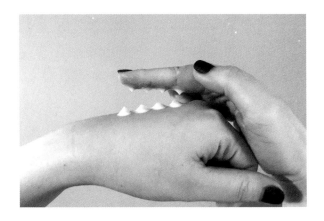

리 변하기 때문에 그 경향을 읽기 위한 최신 정보를 습득하려는 노력도 중요해요. 그 밖에 시장조사, 후기조사, 각종 정보 수집도 하고 있고요. 방송 업무 외에도 하는 일이 많아요.

방송을 진행하는 사람으로서 이미지는 매우 중요한 요소이기 때문에 외면을 관리하는 일도 저희의 일 중 하나라고 생각해요. 많이들 질문하는 것 중 하나가 쇼핑호스트가 되려면 예뻐야 하냐는 거예요. 실제로 미인대회 출신도 있고, 예쁜 사람들이 많아 보이는데 제 생각에 꼭 예뻐야 한다기보다는 호감형이면 좋을 것 같아요. 호감은 인상에서 나오기 때문에 좋은 인상, 밝은 인상을 주기 위해 표정 연습도 많이 하죠. 또한 운동을 한다든가 해서 외적인 모습을 관리하는 것도 꼭 필요한 일이에요. 그리고 방송에서는 때로 얼굴보다도 손이 더 많이 노출되기 때문에 손 관리도 중요하고요. 그래서 회사에서는 네일케어를 해주고 있어요.

편 표정 관리, 손 관리 방법이 있을까요?

민 미소가 중요하지만, 방송 내내 미소를 지어야 하는 것은 아니에요. 공기청정기 방송을 할 때 미세먼지와 황사의 심각성을 얘기하면서 웃을 수는 없잖아요. 상조 방송을 할 때 부모님과의 마지막 이별에 대해 조심스레 얘기하면서 웃을 수는 없으니까요. 고객에게 공감을 얻기 위해 상황을 전달할 때에는 그 상황에 맞는 표정도 필요해요. 그리고 60분 내내 같은 표정을 짓는다면 재미가 없잖아요. 입을 떼고 이야기를 시작하기에 앞서 얼굴이 먼저 말해야 하는데요. 매번 다른 상황에서 다른 표정을 지으려면 거울을 보면서 이야기를 해보는 연습이 필요해요. 같은 미소라 해도 거울을 보면서 윗잇몸이 어디까지 보이는 게 더 매력 있을까 연구해야 하고요. 손 관리도 중요하죠. 쇼핑호스트는 손으로도 이야기를 하는 사람이니까요. 손으로 상품을 들고 만지고 작동시키기 때문에 손톱과 피부를 깨끗하게 유지하는 것은 물론 손등에는 모기조차 물리지 않도록 주의해야 해요. 때로는 방송에 얼굴보다 손이 더 많이 나오거든요.

편 모든 상품을 미리 사용해보고 판매하나요?

민 사람들이 이 질문도 많이 하는데, 쇼핑호스트는 고객보다 먼저 상품을 체험해보는 사람이에요. 생방송 전에 상품을 먼저 써보는 것은 철칙이죠. 설명서 등을 읽은 것만 가지고 방송을 해서는 그 느낌을 충분히 전달할 수가 없기 때문이에요. 직

접 써 봐야 더 잘 이해할 수 있고, 진심을 다해 전달할 수가 있죠. 방송에서 단순히 사용 방법만을 안내하는 것이 아니라 응용 방법이나 보관 방법을 알려주는 등 상품에 관해 깊이 있게 이야기하려면 꼭 미리 써봐야 해요. 그래서 회사에서는 샘플 비용을 모두 지불해주고 저희는 상품을 먼저 받아 사용해보고 있어요.

편 사용해봤는데 별로라면 어떻게 해요?

민 음, 식품일 경우 그런 경우가 종종 있어요. 식품이란 건 사람의 기호에 따라 호불호가 갈리기 때문에 입맛에 맞지 않는 경우가 있죠. 닭갈비 방송 때였어요. 이 닭갈비는 매진을 스무 번이나 한 상품인데, 제 입에는 너무 매운 거예요. 그렇다고 방송을 안 하겠다고 할 순 없잖아요. 이런 경우 예전과는 문화가 많이 달라져서 솔직하게 얘기하는 게 좋아요. "고객님, 제가 매운 걸 잘 못 먹어서 제 입에는 조금 맵더라고요. 저처럼 매운 걸 잘 못 드시는 분들 그리고 아이와 함께 드시는 댁은 양념을 좀 덜어내서 드셔보세요. 아니면 요즘 양배추 한 통에 4천 원 정도 하잖아요. 양배추 한 통 사서 굵게 채 썰어 같이 넣으면 맛있게 드실 수 있어요. 양배추가 위를 보호하는 음식이라 매운 닭갈비와 궁합도 좋고요." 매운데 맵지 않다고 거짓말을 할 수는 없으니 오히려 그 점을 이용해 고객 분들께 팁을 드리는 거죠.

편 콘셉트 회의나 무대 구성에도 참여하나요?

민 그럼요. 무조건 참여해야 해요. 콘셉트 회의는 쇼핑호스트와 PD, MD, 협력사 직원이 함께 진행하는데 이 회의에 참석하지 않으면 방송을 할 수가 없으니까요. 그리고 이 회의에서 전체적인 느낌을 시원해 보이게 준비하자든지, 어떤 사람이 돋보이도록 뒤쪽에 어떤 배경을 넣자든지 등등 무대 구성에 대해서도 의견을 나눠요. 총 연출은 PD가 하지만 논의는 항상 같이 해요.

편 방송하는 분야가 나뉘어 있나요?

민 최근의 경향을 보면 모든 회사가 한 사람이 하나의 카테고리만 담당하지는 않더라고요. 모든 회사가 그런 걸 보면 요즘 트렌드인 것 같아요. 전에는 전문성을 키우기 위해서 딱 한 분야만 했던 적도 있었는데, 지금은 멀티가 대세인 것 같네요. 그렇긴 해도 쇼핑호스트마다 주력하는 분야와 그 외 분야가 따로 있기는 해요.

편 분야는 회사에서 정해주나요? 본인의 선택인가요?

민 처음 입사한 신입은 내가 어떤 분야에 어울리는지 어떤 분야에 적합한지 잘 몰라요. 내가 패션에 관심이 많다고 해도 막상 고객들에게 원단에 대해 구체적으로 설명하기는 쉽지 않거든요. 그래서 신입 때는 회사에서 정해주는 대로 다양한 분야에서 다채로운 경험을 해보고 있어요. 그리고 방송 결과물을 보며 내가 어떤 분야를 더 잘 하는지 알게 되는 거죠. 그렇게

쇼핑호스트 카테고리 분류

식품	농산물, 축산물, 수산물, 건강증진식품 예) 사과, 김치, 갈비, 고등어, 벌꿀, 아사이베리, 노니, 석류즙 등
건강기능식품	홍삼, 비타민, 오메가3, 다이어트
이미용	기초화장품, 색조화장품, 이미용기기, 헤어
패션	의류, 잡화, 속옷
생활문화	생활용품, 레포츠, 가구, 가전, 주방
무형	보험, 여행, 렌털 예) 정수기, 의료기기, 렌터카, 타이어, 교육 등

경험을 쌓아가다 꼭 해보고 싶은 분야가 생기면 회사에 자신의 의견을 피력해 볼 수는 있어요.

편 쇼핑호스트도 매니저가 따로 있나요?

민 아니요. 매니저는 없어요.

편 헤어 스타일링이나 메이크업은 본인이 하는 건가요? 회사에서 해주는 건가요?

민 회사에 분장팀과 코디팀이 있어요. 저희가 프리랜서 체제

이기는 하지만 계약 상 NS홈쇼핑 방송만 하는 거잖아요. 프리랜서라고 해서 이 회사 저 회사 가서 방송하는 게 아니에요. 그래서 NS홈쇼핑 내에는 회사 소속의 쇼핑호스트를 위한 분장팀과 코디팀, 네일을 관리해주는 분이 모두 있죠. 마치 연예인처럼 전문가의 손길을 받고 방송에 나가고 있어요.

편 의상 역시 회사에서 제공해주는 건가요?

민 네. 앞서 얘기했듯이 코디팀이 있어서 의상도 제공해주고 있어요. 방송 이틀 전에 코디실 앞 벽에 이름과 시간을 적어서 PGM^{Program의 줄임말}별로 방송 별로 걸어 놔요. 이틀 전부터 제가 입을 의상을 확인할 수가 있는 거죠. 벽에 걸린 옷을 확인하고 나와 어울리지 않을 것 같다면 우선 피팅을 해봐요. 피팅 후에도 나와는 맞지 않는 옷이라 생각되면 코디팀과 조율해 의상을 변경하기도 하죠. 상품의 콘셉트와 맞지 않다고 여겨지는 경우도 그렇게 하고요.

편 신입 때도 대본이 없이 진행하나요?

민 네. 신입 때도 대본은 없어요. 그렇지만 보통 첫 방송에는 선배와 함께 진행하기 때문에 선배가 리드를 하죠. 아무래도 생방송이라 신입 때는 긴장이 많이 되고 떨릴 거예요. 그래서 선배의 리드에 잘 따라가기 위해 호흡을 맞추는 연습을 많이 해요.

편 그럼 몇 년 차부터 혼자 방송할 수 있게 되나요?

민 몇 년이라고 정해져 있지는 않아요. 그런데 다른 방송사에 비해 저희 회사가 좀 빠르더라고요. 가장 빠른 경우 최근에는 2년 차부터 혼자 들어가는 후배도 있었어요. 실력 등에 따라 잘하는 친구는 이렇게 2년 차에도 혼자 진행을 하고, 다소 늦어지는 경우도 있고요.

편 첫 방송 때 정말 떨렸을 것 같아요. 기억나세요?

민 요즘에는 보통 2명의 쇼핑호스트가 진행하는 경우가 많지만 당시에는 협력사에서 나온 게스트와 쇼핑호스트 둘이 진행하는 경우가 많았어요. 그래서 저는 첫 방송 때에도 서브 진행자가 아니라 메인 진행자였어요. 선배의 리드 없이 혼자 진행해야 해서 꼼꼼하게 준비했던 기억이 있네요. 그렇지만 나이는 어리죠, 생방송 진행 경험은 적죠, 말할 때마다 입에서 심장소리가 들리는 것 같았어요. 그래도 겉으론 내색하지 않고

당찬척했던 것 같아요.

편 요즘에는 협력사 직원보다는 연예인들이 많이 출연하더라고요.

민 네. 맞아요. 유명한 연예인들이 나오면 아무래도 시선이 한 번 더 가는 효과가 있어서 그렇겠죠.

편 매출에도 영향을 미치나요?

민 연예인이 출연했을 때와 하지 않았을 때의 매출 비교 자료가 없기 때문에 그건 알 수 없어요. 그렇지만 연예인들이 화면에 잡히는 경우 시청자의 시선을 붙드는 효과는 확실히 있다고 보기 때문에 회당 출연 비용이 높게 책정되죠.

편 쇼핑호스트끼리 하는 방송과 연예인과 함께 하는 방송 중 어떤 게 더 편하세요?

민 같이 진행하는 사람과의 호흡이나 매끄러움 등을 생각할 때 쇼핑호스트냐 연예인이냐 하는 것보다는 그 사람의 경력이 더 중요해요. 홈쇼핑은 생방송으로 진행되는데요. 생방송 도중 발생되는 여러 가지 상황에 따라 또는 주문 콜 수에 따라 해야 할 멘트가 갑작스럽게 바뀌는 일도 많아서예요. 그래서 아나운서 출신 연예인이라든지 나이가 많다든지 하는 것보다는 홈쇼핑 생방송 경력이 얼마나 많은지가 중요한 거죠. 당연히 경력이 많은 베테랑 분들과 함께 방송하는 게 편하고요.

녹화 채널은 생방송 채널과 어떻게 다른가요?

편 녹화 채널은 생방송 채널과 어떻게 다른가요?

민 녹화 채널인 T커머스는 방송법상 상품 소개 및 판매를 전문으로 하는 방송 채널 사업자를 말해요. 생방송 채널과 달리 소비자가 상품을 검색해서 들어갈 수 있죠. 미리 녹화를 한 영상들이 편성에 들어가 있기 때문에 지금 방송에 나오지 않는 상품들도 검색해서 볼 수가 있거든요. 그래서 양방향 채널이라고 이야기를 해요. 반면 생방송 채널은 한 시간 가량 한 상품을 실시간으로 방송하죠. 생방송 중인 상품을 모바일을 통해서 구매할 순 있지만 생방송이 기본이 되고요. 보통 아침 6시부터 다음 날 새벽 2시까지 생방송을 하는데, 한 편의 방송은 40분에서 120분까지 다양해요. T커머스의 쇼핑호스트들은 아침 9시부터 오후 6시까지 녹화를 해요. 한 상품 당 20분 정도 녹화를 하면 그 20분짜리 영상을 세 번 반복해 방송해서 60분을 내보내는 거죠. 또 공휴일과 명절 연휴에는 일하지 않아요.

편 더 알고 싶어요. TV 홈쇼핑과 T커머스 쇼핑, 어떤 점이 다를까요?

민 가장 큰 차이는 TV 홈쇼핑은 생방송이고, T커머스 쇼핑은 녹화방송이라는 거예요. TV 홈쇼핑은 실시간 주문 현황과 고객의 질문을 접수하면서 진행되는 생방송이고요. T커머스 쇼핑은 미리 녹화해둔 영상으로 주문을 받는 녹화방송이죠. 이렇게 큰 차이가 있지만 고객의 입장에서는 생방송인지 녹화방송인지 한눈에 알 수 없죠. 하지만 보이지 않는 사업구조는 이렇게 달라요.

	TV 홈쇼핑 (7개사)	T커머스 쇼핑 (10개사)
방송	생방송 송출	녹화방송 송출 (생방송 불가)
SO (System Operator)	시청률이 높은 지상파 사이 채널	종합편성채널 사이 채널
주문방식	전화, 인터넷, 모바일	전화, 인터넷, 모바일, TV 리모콘
채널명	NS홈쇼핑 GS홈쇼핑 CJ오쇼핑 현대홈쇼핑 롯데홈쇼핑 홈앤쇼핑 공영홈쇼핑	신세계쇼핑 K쇼핑 SK스토아 쇼핑엔티 더블유쇼핑 NS샵플러스 GS마이샵 CJ오쇼핑플러스 플러스샵 롯데원TV

TV 홈쇼핑사에서는 T커머스 쇼핑 채널을 함께 운영하기도 해요. 현재 주요 홈쇼핑 5개사는 T커머스 채널을 가지고 있는데 NS홈쇼핑의 경우 NS샵플러스, CJ오쇼핑은 CJ오쇼핑플러스, GS홈쇼핑은 GS마이샵, 롯데홈쇼핑은 롯데원TV, 현대홈쇼핑은 플러스샵이라는 T커머스 쇼핑 채널을 운영하고 있죠.

편 T커머스의 쇼핑호스트는 마치 일반 직장인 같아요.

민 네. 출퇴근 시간이 일반 직장인과 비슷하다 보니 퇴근 후의 삶을 원하는 사람들은 T커머스를 선호하기도 해요. 요즘 워라밸일과 삶의 균형이라는 의미인 Work-Life Balance의 준말이 삶의 중요한 키워드가 되었잖아요. 워라밸을 찾아 TV 홈쇼핑에서 T커머스로 이직하는 경우도 종종 있어요. 아이도 어느 정도 키워 놓았고 경력도 오래된 분인데 왜 이직하는지 물어보면 워라밸 얘기를 하는 분도 있었죠.

편 팬 카페나 팬 모임도 있나요?

민 쇼핑호스트가 연예인은 아니지만 아주 드물게 있기도 해요.

편 요즘엔 SNS를 통해 자신을 알리는 일이 많던데 쇼핑호스트의 일상을 SNS에 올리기도 하세요?

민 동료들을 보면 SNS를 많이 하더라고요. 저도 몇 년 전 블로그가 유행했을 때는 한참 블로그 활동을 했었는데, 요즘에는 인스타그램을 자주해요. SNS에 상품을 소개하면 진짜 좋은지, 다음 방송은 언제 하는지 물어보기도 하세요. 블로그의 경우 많은 양의 사진과 긴 글을 주로 올렸다면, 인스타그램은

눈에 띄는 사진 한두 장에 짧은 문구들을 주로 올리잖아요. 그런 트렌드를 보면서 최근에는 소비자들을 한 번에 사로잡을 수 있는 강렬함이 무엇보다 중요하다는 생각이 들어요.

편 쇼핑호스트 입장에서도 생방송이랑 녹화방송은 많이 다를 것 같아요.

민 맞아요. 생방송은 바로 앞 TV에 콜 모니터가 있어서 고객의 반응을 실시간으로 확인할 수 있어요. 그래서 상품을 소개하며 설명을 했는데 콜 반응이 별로라면 다른 방식으로 설명을 해요. 상황에 따라 시청자들의 귀에 딱 들어갈 수 있는 간결한 설명을 위주로 한다거나 때에 따라서는 아주 자세하게 설명하는 거죠. 그래서 같은 상품이더라도 며칠 전에 방송한 내용과 오늘 방송한 내용이 많이 달라지기도 해요. 그런데 T커머스는 콜 모니터가 따로 없으니 원래 의도한 방식의 안정적인 틀로 설명하며 진행하죠. 또 녹화한 방송이 어느 시간대에 들어갈지 확정이 되지 않아서 시청 대상을 좀 넓게 잡고 진행하는 편이고요. 그런 패턴들에서 차이가 있죠.

편 녹화방송은 주로 상품 설명이 많겠네요?

민 그렇죠. 그렇다고 처음부터 상품, 구성, 가격의 이성적인 소구만 이야기하지는 않아요. 구매로 이어지려면 감성 소구와도 균형을 이뤄야 하거든요. 생방송만큼 구체적이지는 않아도 시기적인 니즈를 포괄적으로 이야기해요. 예를 들어 닭다리 세트를 판매할 때, 생방송에서는 요일과 날씨, 시즌을 최대한 반영해서 이런 식으로 멘트를 해요. "오늘 같은 일요일 오후 시간, 굉장히 출출한 시간이죠? 아이들이 집에 있는 여름

방학이니 하루 세 끼, 어떤 음식을 만들까 걱정이 많으실 거예요. 게다가 기온은 35도까지 올라 너무 덥잖아요. 불앞에서 요리하느라 더위와 전쟁하지 마시고, 간단히 전자레인지에 조리하세요." 반대로 녹화방송에서는 어느 시간대, 어느 요일에 송출될지 모르기 때문에 "출출한 시간, 뭐 해 먹을까 고민해보셨어요? 지금부터 닭다리 세트를 소개합니다." 정도로 포괄적인 멘트를 해요.

편 카카오톡 문의가 올라오면 PD가 실시간으로 답을 해주던데 진짜로 PD가 하는 건가요?

민 맞아요. 그래서 카카오톡 문의가 많은 방송은 신입 PD가 함께 있어요. PD가 방송을 총괄하는데 그런 문의의 답변까지 하기는 쉽지 않으니까요.

남녀비율은 어떻게 되나요?

편 남녀비율은 어떻게 되나요?

민 저희 회사의 쇼핑호스트가 총 49명이더라고요. 그중에 남자 쇼핑호스트는 8명, 16%예요. 타사 역시 남자 쇼핑호스트가 많지 않아요. 시험 응시생 비율을 봐도 그래요. 예를 들어 1,000명이 응시했다고 가정하면 그중에 800명이 여자고 200명이 남자예요. 아카데미학원에 가 봐도 여자 학생이 더 많고요.

편 남자들은 가전이나 스포츠 관련 용품 등을 많이 진행하던데요?

민 예전엔 그런 경향이 뚜렷했지만 요즘에는 그런 관례가 깨지고 있어요. 실제로 성별에 따라 관심사가 구별되던 시기를 지나 이젠 개인의 취향에 따라 관심사가 달라지는 시대에 살고 있잖아요. 홈쇼핑 업계도 마찬가지예요. 전에는 남자들이 가전제품이나 컴퓨터에 관심이 많고, 여자들은 옷이나 화장품에 관심이 많았거든요. 평소의 관심사대로 방송을 진행하는 경우가 많았고요. 그렇지만 지금은 그런 판도가 깨졌어요. 남자 쇼핑호스트도 요즘엔 옷이나 화장품을 정말 잘 팔죠. 이

미용 전문 쇼핑호스트가 되어 직접 본인 얼굴에 파운데이션을
바르기도 해요. 여자 쇼핑호스트 역시 남자 쇼핑호스트보다
대형가전을 더 많이 방송하고 있고요.

외국의 쇼핑호스트와 다른 점이 있을까요?

편 외국의 쇼핑호스트와 다른 점이 있을까요?

민 국내와 러시아를 오가며 활동하는 지덕용 선배님께 전화해서 여쭤봤어요. 지덕용 선배님은 제가 정말 좋아하고 존경하는 쇼핑호스트죠. 얘기를 들어보니 우리나라와 러시아의 쇼핑호스트 역할이 크게 다르더라고요. 저희는 쇼핑호스트와 게스트가 함께 출연을 하면 쇼핑호스트가 주도적으로 진행과 판매를 하면서 구매를 유도하잖아요. 그런데 러시아에서는 쇼핑호스트가 고객의 입장이 되어 질문을 하는 것이 주된 일이에요. 그러면 협력사 게스트가 다양한 답변을 하죠. 요즘 한류의 영향으로 K-뷰티라는 현상까지 나타나 한국의 뷰티 상품이 외국에서 인기가 높은데요. 지덕용 선배님도 한국의 이미용품 관련 방송을 하고 있어요. 우리나라 같으면 쇼핑호스트가 직접 발라보고 체험하며 구매를 유도하지만, 러시아에서는 게스트가 그 역할을 해요. 선배님은 한국 이미용 상품의 게스트로서 이걸 누가 바르면 좋을지, 어떤 연령층에 맞는 제품인지 등을 답변하죠. 완전히 다른 역할에 좀 신기한 기분이 들었어요. 그리고 진행 방식을 보면 저희는 보통 한 시간 정도 방송을 하

거든요. 그 시간 안에는 패션을 제외하고는 보통 한 상품만을
판매하고요. 그런데 러시아에선 한 시간에 8개 정도의 상품을
판매한대요. 한 상품에 대해 물어보고 또 옆으로 옮겨 다른 상
품에 대해 묻는 거죠.

쇼핑호스트의 수요는 많은가요?

[편] 쇼핑호스트의 수요는 많은가요?

[민] 앞서 얘기했듯이 TV 홈쇼핑의 영역은 생방송을 하는 7개의 채널뿐만 아니라 녹화방송을 하는 T커머스 채널과 M커머스Mobile Phone과 Commerce가 결합된 단어로 무선기기를 이용한 전자상거래까지 확대되었어요. 특히 T커머스는 굉장한 기세로 급성장 중이죠. 홈쇼핑 회사의 수도 점점 늘어나고 있는데, 단순히 회사의 수만 늘어나는 것이 아니라 TV 이외의 분야로 그 영역이 확대되고 있죠. 그리고 소셜커머스소셜 네트워크 서비스(SNS)를 통하여 이루어지는 전자상거래 중 몇몇 회사는 상품을 판매하는 쇼핑호스트가 있다고 해요. 일부 상품을 클릭하면 영상이 나오는데 그게 홈쇼핑처럼 구성되어 있는 거죠. 이런 상품들의 판매율이 굉장히 좋다고 하네요. 이런 기세로 M커머스는 물론 SNS로까지 홈쇼핑의 영역은 더 확대될 거라고 해요. 이런 상황을 볼 때 쇼핑호스트가 필요한 곳은 더더욱 많아지리라 생각하고요.

[편] 현역에 있는 쇼핑호스트는 몇 명인가요?

[민] 생방송 채널의 쇼핑호스트는 현재 350여 명이에요. T커

머스 채널의 경우 150여 명 정도이니 모두 합하면 500여 명 정도 되겠네요.

이 직업만의 매력과 장점은 무엇인가요?

편 이 직업만의 매력과 장점은 무엇인가요?

민 가장 큰 장점은 열정을 바탕으로 일할 수 있다는 점이죠. 쇼핑호스트란 직업은 큰돈을 벌기 위해 선택하는 직업도 아니고, 안정적인 미래를 보고 선택하는 직업도 아니에요. 우리들은 일 자체에서 기쁨을 느끼는 사람들이라 누구보다 열정적으로 이 일을 하고 있어요. 좋아하는 일이기에 혼신을 다하면서도 즐겁게 일할 수 있으니 정말 큰 축복이죠. 그리고 일반 직장인에 비해 시간을 자유롭게 쓸 수 있어요. 출퇴근 시간이 고정되어 있지 않으니 어떤 날은 평일이어도 아이와 온전히 하루를 보낼 수 있죠. 처음 이 직업을 선택할 때도 그런 점이 마음에 들었어요. 매일 같은 시간에 나와서 같은 시간에 들어가고 싶지 않았거든요.

그리고 매번 새로운 상품을 써볼 수 있다는 것이 정말 좋은 점이에요. 제가 쇼핑을 굉장히 좋아하기 때문이 이 점은 저에게 너무나도 큰 매력이죠. 저는 제가 일하고 있는 NS홈쇼핑은 물론 타사의 홈쇼핑 두 곳 모두 VIP 회원이에요. 집 앞에 있는 백화점의 MVG^{Most Valuable Guest, 초우량고객}이기도 하고요.   이 일을 시작하면서 제가 판매하는 상품만이 아니라 유사 상품도 직접 써보고 느끼는 것이 공부라고 생각했어요. 그렇게 시작한 쇼핑이 취미가 되었죠. 그런 제가 다양한 신제품들을 사용해보고 먹어볼 수 있으니 얼마나 좋겠어요. 제가 진행하지 않는 상품도 동료가 사용해보고 의견을 달라는 경우도 많아요. 그래서 많은 상품을 사용해보며 매번 새로운 경험을 하고 있는데 그 일이 정말 재미있어요. 다양한 상품을 사용해보고 그 상품에 대해 수많은 고민을 해보아서인지 모두가 유행이 지났다고 하는 상품을 보고도 멋진 아이디어가 떠오를 때가 있어요. 그 생각을 키워 새로운 날개를 달아주었는데 그 상품이 멋지게 날아오르면 정말 큰 보람을 느끼게 되죠.

편 방송할 때 매진되면 쾌감도 있을 것 같아요.

민 네. 매진되면 정말 기쁘죠. 감사하고요. 그래서 매진을 알리는 화면을 저장해 인스타그램에 올려놓기도 했어요. 매진된다고 저한테 보너스가 더 들어오지는 않아요. 순수하게 애쓰고 노력한 일에 성과가 있어 기쁜 거죠.

매진되면 인센티브가 있는 줄 알았어요.

많이들 그렇게 생각하세요. 급여 외에 보너스나 금일봉을 따로 받는 줄 아시더라고요.

이 직업의 단점에 대해 알려주세요.

편 이 직업의 단점에 대해 알려주세요.

민 일하는 시간이 매번 다르다는 점이 장점이 되기도 하지만 때론 단점이 되기도 하죠. 어떤 날은 새벽 3시에 퇴근을 해요. 또 어떤 날은 밤 10시에 출근하고요. 정해진 시간에 출퇴근하지 않아 평일에도 개인적인 시간을 낼 수 있어 좋다고 했지만 출퇴근 시간이 너무 불규칙할 때는 수면 시간이 일정하지 않아 몸에 무리가 갈 수 있죠. 그래서 체력 관리가 중요해요.

편 오늘도 밤 10시에 출근하신다면서요?

민 오늘 12시에 방송이 있어요. 방송 두 시간 전부터 분장을 해야 하니 방송국에는 10시까지 가야 하죠. 쇼핑호스트들은 이렇게 밤늦게까지 일하는 경우가 종종 있어서 신체 리듬이 흐트러지거나 몸에 부담이 가는 일이 생겨요. 그래서 몸에 좋다는 것들을 챙겨먹는 사람이 많아요. 운동할 시간을 내기도 힘들어서 저 역시 기운이 나는 음식이나 보약, 약 등을 챙겨 먹고 있죠.

편 보통 어떤 걸 드세요?

민 에너지바도 자주 먹는 것 중 하나예요. 에너지바를 하나 먹으면 방송 4개 정도는 너끈히 할 수 있죠. 또 장기적으로 보양을 해야 한다면 홍삼이나 녹용도 먹고요. 보통 빠르게 에너지를 얻고 싶을 때는 멀티비타민을 먹고, 회식 등으로 술을 마셨을 때는 간에 좋은 영양제를 먹어요.

편 다음 날 방송이 잡혀 있으면 술 마시기가 부담스러울 것 같아요.

민 전날 술을 마시게 되면 얼굴이 붉어질 수도 있고 순간적인 판단이 빠르지 못할 수도 있어요. 그래서 아침 방송 전날에는 절대 술을 마시지 않아요. 방송이 모두 끝나고 다음날 스케줄이 없다면 동료들과 술을 한두 잔 마시는 일도 있지만 그것도 자주는 못해요. 동료들이라 해도 시간을 맞추기가 힘들어서죠. 다들 방송시간이 다르니까요. 그러다 보니 오다가다 만나면 인사는 하지만 친분을 쌓아가기가 쉽지는 않죠. 한 회사 안에서 같은 일을 하고 있는 동료지만 그런 면을 생각하면 외로운 직업이라는 생각이 들기도 해요.

편 직장 내 상하관계나 동료와의 관계 때문에 스트레스를 받을 일은 없겠네요.

민 홈쇼핑 방송은 쇼핑호스트와 PD, MD, 협력사 직원의 협업을 통해 이루어지는 것이지 누가 누구한테 업무를 지시하면서 진행되는 것은 아니에요. 또한 선배와 후배가 같이 방송을 하긴 하지만 고정이 아니라 함께 하는 사람이 매번 바뀌죠. 그러니 선배나 상사로 인한 스트레스는 거의 없어요.

미래에도 쇼핑호스트는 필요한 직업인가요?

편 미래에도 쇼핑호스트는 필요한 직업인가요?

민 그럼요. 요즘은 발품 파는 시대가 아니라 손품 파는 시대라고 하잖아요. 스마트폰만 있으면 앉은 자리에서 비교 분석을 마치고 더 나은 상품을 골라 쇼핑을 하니까요. 이러한 모바일 시장은 앞으로 더 확장될 것이고 수많은 상품 중 괜찮은 상품을 골라 소개하는 일은 더욱 중요해질 거예요. 그리고 아무리 최첨단 인공지능이 개발된다고 해도 기계가 사람의 마음에 공감하고 사람들의 마음을 설득할 수는 없을 거예요. 상품을 잘 설명할 순 있어도 말이죠. 그러니 TV 건너편에 있는 고객의 마음을 읽고 공감하는 쇼핑호스트는 미래에도 꼭 필요한 직업이에요.

쇼핑호스트의
세계

쇼핑호스트가 일하는 곳은 어디인가요?

편 쇼핑호스트가 일하는 곳은 어디인가요?

민 방송을 하는 곳은 홈쇼핑 스튜디오죠. 저희 회사 건물에는 스튜디오가 2층에 3개, 3층에 1개 있고 별관에 가장 큰 규모의 스튜디오가 또 1개 있어요. 스튜디오는 번갈아 사용하는데 사전에 준비할 게 많아서 바로 앞 방송팀과는 같은 스튜디오를 사용할 수 없죠. 또 본관 2층에는 분장실과 코디실, 네일 받는 곳, 게스트 대기실, 협력사 대기실 등이 있어요. PD나 MD가 근무하는 층에는 공용 PC가 열 대 정도 놓여 있어 사무실로 사용할 수 있는 공간과 리허설룸이 있고요.

편 개인 사무실이 따로 있지는 않나요?

민 저희가 프리랜서다 보니 개인 책상은 없어요. 컴퓨터가 필요한 경우 공용 PC가 있는 공간을 이용해 업무를 봐요.

편 방송 전에는 무엇을 준비하나요?

민 가장 기본이 되는 준비는 상품에 관한 공부죠. 상품을 설명할 때 말하지 않을 내용이라 해도 상품에 관한 모든 정보는 꼼꼼하게 읽어봐요. 경쟁상품이 있다면 그 상품의 시장 현황이나 후기도 모두 조사해보고요. 이런 정보는 주로 상품의 기술서를 보거나 인터넷을 통하는데요. 손가락만을 이용해 검색을 하고 무언가를 알게 되는 것에는 한계가 있죠. 그래서 저는 상품을 직접 사용해보고 제 스마트폰으로 사용하는 장면을 촬

영하기도 해요. 실제 방송에 제가 찍은 사진이 나가기도 하고요. 요즘 트렌드가 그렇다 보니 많은 쇼핑호스트들이 그런 식으로 준비를 하고 있어요. 아기용품 등을 방송하는 일도 있는데, 그런 경우 제 아기에게 직접 사용해봐요. 그래서 저희 아기는 2개월 때부터 홈쇼핑 모델이 되었죠. 저의 이런 노력이 아주 중요한 무기라고 생각해요. 단순히 외워서 나오는 말에는 없는 깊이를 더해주고 생생함을 전달해주죠.

따로 공부를 하는 것이 아니라 일상의 많은 일들도 제 일

을 준비하는데 도움이 되고 있어요. 예를 들어 마트에 가는 것이 그렇죠. 장을 보다 보면 어떤 채소의 가격이 오르고 내렸는지 알게 되고 어떤 제철 과일이 나와 있는지도 볼 수 있어요. 어제는 수박이 많이 나와 있더라고요. 그런 경험은 당연히 식품 방송에도 의미가 있지만 다른 방송에도 도움이 되죠. 음식물처리기 렌털 방송을 할 경우 수박이란 과일은 이 상품의 효과를 설명하는데 아주 좋은 예시가 되니까요. "요즘 수박이 많이 나왔던데 수박 한 통 사오면 음식물 종량제 봉투 하나 반이나 차는 거 아시죠? 또 여름철에는 음식물 쓰레기가 있으면 초파리도 잘 생기고요. 음식물처리기에 수박 껍질을 넣으면 커피가루처럼 아주 잘게 갈려요. 수박이 시원하고 맛은 있는데 껍질이 너무 많이 나와서 버리는데도 돈이 들죠." 같은 얘기를 하면서 상품을 설명하죠. 또 가족들과 공원에 갔는데 황사 때문에 하늘이 뿌옇게 보인다면 공기청정기 방송을 할 때 그런 경험을 얘기해요. 이런 식으로 실제 경험한 것들이 고객들과 공감하는데 큰 도움이 되고 있어요. 그래서 일상의 많은 부분이 제 일의 준비과정처럼 느껴지는 거죠. 그런 이유로 평소에도 감각이 깨어있도록 하는 편이고요.

편 직접 대본을 쓰는 게 아니라 머릿속 내용을 설명하는 건가요?

민 저는 신입일 때가 아니라면 대본은 쓰지 않는 게 좋다고 생각해요. 초반에는 불안하니까 그런 게 도움이 될 수는 있어요. 지금도 신입 쇼핑호스트와 같이 방송을 하면 자신이 할 모든 이야기를 깨알 같은 글씨로 출력해오더라고요. 그러다 어느 정도 방송에 익숙해지고 어떻게 돌아가는지 감이 잡히면 그다음부터는 대본보다는 누군가와 이야기하는 것처럼 방송을 하는 게 좋아요. 자신의 캐릭터를 잡고 카메라를 이모나 친한

언니 등으로 설정한 후 그 사람한테 이야기하듯 말하는 거예요. 그런 식으로 대화를 하듯이 진행해야 지루하지 않고 생동감이 있죠. 대본을 쓰고 정해진 대로만 하면 이상하게 재미가 없더라고요.

편 그게 본인만의 방법인가요? 아니면 다른 쇼핑호스트들도 그런 식으로 진행하나요?

민 각자 준비하고 진행하는 방식은 다르겠지만 아마도 어느 정도 경력이 생기면 일일이 대본을 적고 그대로 방송하지는 않을 거예요. 저희들이 추구하는 것이 마치 고객과 실시간으로 대화하듯 진행하는 것인데 대본대로 하다 보면 그렇게 하지 못하거든요. 우리 눈에는 보이지 않더라도 카메라 너머 고객에게 이 상품을 소개해야겠다는 생각으로 이야기해야 해요. 방송에 들어가면 우선 기획한 데로 1차 설명을 하는데, 대본을 쓴다면 여기까지는 도움이 될 수 있어요. 하지만 1차 설명이 끝난 후 반응에 따라 재빠르게 진행 방향을 바꿔줘야 고객들과 소통할 수 있겠죠. 대본에 따라 정해진 틀대로만 진행을 하면 절대 고객들을 따라갈 수 없어요. 대본 없이 실시간으로 움직여야 하는 이유가 여기 있어요.

편 생방송이라 실수도 많이 할 것 같아요. 지금도 생각하면 아찔한 순간이 있었나요?

민 실수 많이 했죠. 가장 기억에 남는 일은 신입 때 했던 실수인데요. 당시 제 멘토 선배님이 충고해주신 것 중 하나가 주문 폭주나 뜨거운 반응이라는 등의 뻔하고 식상한 멘트는 하지 말라는 거였어요. 어느 날 여성용 가발을 팔았는데 금방 매진이 된 거예요. 신입이기도 했고 새벽 시간대라 다들 기대를 하지 않았는데 매진이 되니 너무 신이 나 흥분을 했죠. 그래서 순간 '뜨거운'이란 말이 나왔는데 이 말은 선배님이 하지 말라고 했던 생각이 나는 거예요. 선배님이 방송을 모니터 해주시고 좋았던 점, 고쳐야 할 점 등을 얘기해주시니까 혼나겠다는 생각이 들어 '뜨거운'이란 말 뒤에 '밤 보내시길 바란다'고 해버렸어요. 새벽 2시에 뜨거운 밤 보내시라니 지금 생각해도 낯 간지럽네요.

쇼핑호스트의 일과는 어떻게 되나요?

편 쇼핑호스트의 일과는 어떻게 되나요?

민 앞서 얘기했듯이 방송을 하기 전에는 사전 미팅과 분장, 의상 확인 등을 하고 방송 후에는 사후 미팅을 하죠. 또 최종 방송 전에는 리허설을 하는데요. 협력사가 원하는 방향이 잘 녹아들어 있는지 트렌드에 맞는지 등을 분석하며 서로 합의점을 찾죠. 방송과 관련된 일정 외에 가장 많이 하는 일은 미팅이에요. 처음 홈쇼핑에 론칭하는 상품의 경우 미팅을 한 번만 하지는 않죠. 몇 차례 만나서 이야기를 나누기 때문에 미팅하는 횟수가 정말 많아요.

편 출퇴근 시간은 사람마다 다 다른가요?

민 그렇죠. 방송 시간에 따라 출퇴근 시간이 달라지니까요. 어떤 때는 일주일 내내 오후 방송만 있어서 퇴근이 계속 늦어지기도 하고, 주말에는 방송이 몇 개씩 잡혀 있어서 쉴 수 있는 시간이 없는 때도 있죠. 그래서 체력을 관리하는 게 정말 중요해요.

편 자료화면 촬영을 위해 국내 또는 해외로 출장을 가기도 하나요?

민 네. 보통 여행상품 촬영이나 패션 상품 촬영, 이미용 박람회를 위해서 해외 출장을 가고 있어요. 요즘은 여행상품 촬영을 위해 출장을 가는 일이 드문데 예전에는 쇼핑호스트가 직접가서 촬영을 하는 일이 많았죠. 그래서 결혼 전 이십 대 때에는 뉴욕, 헝가리, 호주, 중국, 일본, 홍콩, 마카오 등 여러 나라에 다녀왔어요. 출장이지만 회의 참석 같은 따분한 일을 하는 게아니라 관광객처럼 일정을 따라다니는 일이라 재미있었죠.

전에 NS홈쇼핑에서 거위털 이불을 직접 개발한 적이 있었어요. 그래서 거위털 이불을 만드는 공장이 있는 헝가리로 출장을 갔죠. 이불이 만들어지는 과정도 보고 거위 농장에 가서 리포팅도 했는데 마치 여행을 간 것 같았어요. 이른 나이에 이 일을 시작하는 바람에 해외여행을 다닌 경험이 없다 보니 이렇게 출장으로 다른 나라에 가보는 게 정말 좋더라고요.

국내에도 많이 가는데 특히 제주도에 많이 갔어요. 호텔 촬영을 위해 여수에 갔던 기억, 식품 촬영을 위해 완도에 갔던 기억도 나네요. 완도에 갔을 때 전복 배를 타고 출렁이는 배 위에서 전복이 들어간 라면을 먹었어요. 제가 그 전까지는 내장이 비려서 못 먹었는데 그때 내장을 먹은 뒤로 이제 전복을 먹을 땐 내장부터 먹어요. 바다 위에서 맛봤던 싱싱한 전복이 입맛까지 바꿔놓았죠.

편 촬영 외에 다른 업무를 위한 출장도 있나요?

민 네. 1년에 몇 차례는 국내 호텔에서 하는 신상품 설명회에 가요. 엊그제도 반얀트리 호텔에 갔다 왔어요. 새로 나온 화장품 설명회였는데 제품의 모델인 고소영 씨와 기자들, 셀러브리티Celebrity. 대중들로부터 주목을 받고 영향을 끼치는 사람들이 참석했죠. 설명회에서 고소영 씨가 인터뷰를 했는데 그 대화를 모두 메모했어요. 보통 그렇게 메모한 내용을 잘 다듬어 방송에 활용하고 있거든요.

홈쇼핑 상품에는 정말 여러 가지가 있는데 요즘 제가 주로 진행하는 카테고리는 무형의 렌털 상품이나 보험, 상조 종류예요. 이런 상품들은 예약만 유도하고 방송이 끝난 후에 해피콜을 통해 상담을 한 후 구매가 결정되죠. 방송이 끝나면 저는 따로 요청을 해서 콜센터에 종종 가요. 그곳에 가면 실제 고객들이 어떤 것을 궁금해하는지 알 수 있기 때문이죠. 요실금을 치료하는 의료기기를 판매한 적이 있었는데요. 제가 직접적인 경험이 없어 이와 관련해서는 아는 게 별로 없는 거예요. 그래서 이때도 콜센터에 방문했죠. 상담원들을 통해 홈페이지 문의 글이나 후기, 지인들과의 인터뷰에서는 들을 수 없었던 구체적인 경험 사례와 불편한 점, 문제점, 궁금증 등을 알 수 있었어요. 마치 고객과 직접 대화하는 것 같아 간담회에 다녀온 느낌이 들었죠. 그리고 예약을 남길 때는 개인정보보호를 위해 이름과 전화번호만 남기게 되어 있어요. 그런 이유로 인해 예약을 남긴 분들이 구체적으로 어떤 연령층인지 알 수가 없는데 콜센터에 가서 고객층을 확인하면 다음 방송을 하는데 큰 도움이 돼요. 타깃 층이 확실히 보이니까요.

주간 스케줄표

날짜	생방송 시간 및 상품명	방송 외 스케줄
9일 (월)	am 08:20 달팽이크림	am 10:00 사전 제작회의 (타이어 렌털) pm 14:00 강남 숯 침대 콜센터 방문
10일 (화)	pm 14:40 라메종 스프레이 pm 22:50 교원라이프 상조	am 11:00 사전 제작회의 (염색제) pm 16:00 사전 제작회의 (북유럽 여행) pm 17:00 사전 제작회의 (화이트 키드니 빈)
11일 (수)	pm 13:40 아이스크림 홈런 교육	pm 15:30 녹음실 (보험 음성 더빙) pm 16:00 사전 제작회의 (재무설계) pm 17:00 론칭 2회차 회의 (클린 샤워)
12일 (목)	am 09:00 운전자보험 녹화* pm 12:40 바로 보이는 보이차 pm 15:30 SK정수기 렌털	am 10:30 사전 제작회의 (인코코 네일) pm 14:00 사전 제작회의 (동양생명 암보험)
13일 (금)	주휴	오프라인 시장조사
14일 (토)	pm 17:55 일본 규슈 여행	
15일 (일)	주휴	

*표시는 NS샵플러스 녹화 촬영

시간이 날 때는 어떤 일을 하나요?

편 시간이 날 때는 어떤 일을 하나요?

민 저는 여행을 워낙 좋아해서 스케줄이 비어 있으면 주로 여행을 가요. 긴 기간이 아니라 하루만 쉰다고 해도 당일에 다녀올 수 있는 곳으로 떠나죠. 일상을 떠나 낯선 곳에 가서 새로운 경험을 하다 보면 확실히 기분전환이 돼서 좋아요. 잠깐의 여유가 있다면 영화를 보거나 책을 읽기도 하고요.

편 며칠 동안 계속해서 쉬는 것도 가능한가요?

민 미리 휴가신청이나 주휴신청을 하면 그렇게 쉴 수 있어요. 가족여행이나 여름휴가, 부모님의 환갑잔치 등과 같은 행사가 있지 않고는 평소에 그렇게 길게 쉬는 일은 거의 없지만요.

편 쇼핑호스트가 방송 스케줄을 선택할 수 있는 건가요?

민 그렇진 않아요. 회사에서 스케줄을 정해주죠. 한 번 론칭한 상품은 보통 세 번 정도까지 한 쇼핑호스트가 담당해요. 한 사람이 진행하게 되면 첫 방송을 통해 아쉬웠던 점을 보완하기가 좋으니까요. 그래서 3회 정도까지는 그 상품이 가는 시간대로 스케줄이 잡히죠. 또 전날 밤에 방송을 했는데 다음날 새벽에 다음 방송을 잡는다든지 하지는 않죠.

편 일정은 언제부터 확인할 수 있는 거예요?

민 방송이 있기 2주일 전에 스케줄이 공지돼요.

기획한 일 중 특별히 기억에 남는 게 있나요?

[편] 기획한 일 중 특별히 기억에 남는 게 있나요?

[민] '민주홍의 여행 N조이'라는 고정 프로그램을 3년간 금요일 밤마다 진행했어요. 이름을 걸고 하는 프로그램이라 애착도 많이 갔고, 정말 적극적으로 기획에 참여했던 기억이 나요. TV 홈쇼핑에서는 여행상품의 시청률이 높아요. 화면을 통해 마음으로 먼저 떠나보는 시청자들의 감성에 다가가고자 매주 금요일 밤마다 색다른 시도를 많이 했죠. 중국 북경 여행상

품을 방송할 때는 현지로 전화연결을 해보기도 하고, 먼저 저
희 가족이 여행을 다녀온 후 그곳에서 찍은 사진을 앨범으로
만들어 이야기를 전해보기도 했어요. 여행 파워블로거를 초대
해 함께 여행과 관련된 대화를 나눈 적도 있고요. 회를 거듭해
100회가 넘어갔는데 그 긴 시간 동안 참 즐거웠어요.

일을 잘 수행하기 위해 노력하고 있는 것이 있나요?

편 일을 잘 수행하기 위해 노력하고 있는 것이 있나요?

민 첫 번째는 메모예요. 평소에 나가서 본 것, 느낀 것들을 모두 메모하죠. 예를 들어 멍하니 뉴스를 보고 있다가 올해 111년 만의 무더위가 찾아왔다는 얘길 들어요. 그럼 그걸 메모했다가 방송에 이용해요. "고객님들, 요즘 정말 더우시죠? 어제 뉴스를 봤는데 111년 만의 더위라고 하네요."라고 하는 거죠. 이런 식으로 객관적인 사실을 메모하기도 하지만 감정적인 것들, 오늘 느꼈던 것들도 메모를 해요. 어제 낮에 출근하려고 주차해 놓은 곳으로 갔는데 차량의 손잡이가 너무 뜨거운 거예요. 차 문을 열고 들어가 앉았는데 열기로 인해 내부는 후끈거리고 핸들이며 카시트며 모두 뜨거웠죠. 그래서 에어컨을 틀어 놓고 잠시 쉬면서 열기가 식기를 기다렸어요. 이런 여름날의 경험들, 이때 느꼈던 감정들을 적는 거예요. 누구나 겪는 일상적인 경험이지만 적어두면 멘트를 하는데 도움이 되거든요. 앞에서 얘기한 "고객님들, 요즘 정말 더우시죠? 어제 뉴스를 봤는데 111년 만의 더위라고 하네요."라는 멘트 뒤에 "아니나 다를까 저도 운전하려고 차를 여는데 핸들부터 뜨끈뜨끈 하더라고요."등의 이야기를 덧붙이는 거죠. 아무 것도 없는 상태에서 이야기를 하는 것보다는 이렇게 메모를 참고하는 것이 친밀하고도 생동감 있게 말할 수 있는 비결이라고 생각해요.

그리고 제가 스물세 살에 처음 쇼핑호스트가 되었을 때 얘긴데요. 식품 방송을 하는데 모든 게 낯설고 뭐가 뭔지 잘 모르겠는 거예요. 식품이 방송시간이 제일 짧았는데 저한테는 가장 어려운 방송이었죠. 저희 부모님께서는 설거지도 안 시키셨고, 음식도 냉장고를 열면 꺼내서 먹을 수 있게 준비해놓으셨거든요. 그렇다고 아는 척을 하면 주부들한테 딱 들킬 것 같아 안 되겠다 싶더라고요. 또 계속해서 식품 구성과 가격만을 이야기할 수도 없고요. 그래서 요리 학원에 등록해 공부하기 시작했고 한식조리사자격증도 취득했어요. 요리 학원에 다닌다고 모두 요리를 잘하게 되는 건 아니지만 부엌일을 해본 적이 없는 입장에서 이론 수업을 듣고 실습을 해본 것이 큰 도움이 되었어요.

그리고 경력이 10년이 넘어가면서 전문적으로 공부해보고 싶다는 생각이 들었어요. 그래서 대학원에 들어갔죠. 쇼핑호스트가 되어 일할수록 이 일이 단순한 방송이 아니라는 생각이 드는 거예요. 상품을 어떻게 분석하고 기획할 것인가가 꽹

장히 중요한 요소라고 생각해 이 분야와 함께 광고와 홍보 쪽도 더 깊이 있게 공부해야겠다는 마음이 들었죠. 그래서 대학원에 들어가 광고홍보학을 전공했어요. 생방송이 있으면 학교에 갈 수 없으니 정말 오래 걸려서 힘들게 졸업했어요.

편 대학에서는 무엇을 전공하셨나요?

민 영어영문학과 사회학을 함께 전공했어요. 영어를 잘하는 사람은 많으니 경쟁력이 없을 것 같아 사회학을 같이 공부했죠.

편 상품을 더 돋보이게 하기 위한 본인만의 노하우가 있나요?

민 홈쇼핑을 시청하는 고객들은 저에게만 온전히 집중하는 일이 드물어요. 특별히 관심 가는 것이 아니라면 이 상품을 살지 말지 고민해보겠다고 설명을 귀 기울여 듣지는 않죠. 소파에 누워서 채널을 돌리다 우연히 볼 수도 있고 다른 일을 하면서 슬쩍슬쩍 볼 수도 있어요. 화면을 보고 있다 하더라도 영화나 드라마처럼 집중해서 보는 것이 아니라 편안한 마음으로 느긋하게 본다고나 할까요? 그렇기 때문에 고객들의 마음에 쉽게 다가갈 수 있도록 어려운 단어나 외래어를 사용하지 않

으려고 최대한 노력해요. 가능한 쉬운 단어를 사용하고 문장을 짧게 만들어 설명하죠.

편 본인만이 가진 매력적인 설득의 기술이 있나요?

민 저는 디테일을 토대로 한 스토리텔링 방식을 주로 사용해요. "오늘 단 하루, 네 박스를 얼마에 드립니다."라고 한다고 사람들이 사지는 않잖아요. 홈쇼핑 채널도 워낙 다양해졌고요. 수많은 채널과 광고 사이에서 제 상품의 가치를 포장하고 전달하는데 스토리텔링 방식은 정말 유용하죠. 예를 들어 석류즙을 판매한다고 가정해보세요. 타깃을 갱년기 여성들로 잡고 그분들을 사로잡을 스토리를 생각하는 거예요. 갱년기는 제가 아직 경험해보진 못했지만 그와 관련된 이야기는 많이 접했기 때문에 "요즘 열이 갑자기 올랐다 내려갔다 하시죠? 별로 덥지도 않은데 등줄기에 땀이 나기도 하고요. 얼굴은 왜 갑자기 빨개지는지. 또 별것 아닌 일로 불쑥 화가 나기도 하고요."라는 이야기를 할 수도 있겠죠. 그런 공감도 좋지만 제 경우 저만의 이야기를 만들어 들려드려요. 그러기 위해선 우선 석류즙에 대해 공부해요. 그리고 공부하고 조사한 내용을 스토리로 만들어 이야기를 들려주듯 설명하죠. 가령 "석류의 꽃

말이 뭔 줄 아세요? 원숙한 아름다움이래요. 지금 우리 엄마들이 딱 그렇지 않을까요? 저희 엄마는 저보다 주름이 더 많지만 제가 가지지 못한 원숙한 아름다움을 가지고 계시죠. 그리스에서는 석류를 집들이 선물로 애용한대요. 그 이유를 알아보니 석류가 풍요로움을 상징해서래요. 중국에서는 임신을 하면 석류를 선물하고요. 중국에서는 석류가 다산을 상징하니까요."로 시작해 엄마라는 단어와 풍요로움이라는 이미지를 엮어 이야기를 이어나가는 거죠. 공부하다 보니 석류는 그 모양이 아름다워서 이를 모티브로 한 가닛이라는 보석도 있다고 해요. 그런 사실도 스토리로 만들 수 있겠고요. 공부를 하다 보니 어떤 상품이든 관련된 이야기가 있더라고요. 그런 이야기를 이용해 만든 스토리텔링이 TV 앞에 앉아 있는 고객들의 귀를 솔깃하게 하고 저를 적극적으로 보게 만드는 저만의 기술이에요.

편 먼저 시선을 잡는 게 중요하네요?

민 네. '느낌표를 남겨라'라는 말이 있어요. 고객들의 귀를 쫑긋 열게 하고 무릎을 탁 치게 만들어 그들의 마음에 느낌표를 남기는 거죠. 그런 식으로 시선을 잡아끄는 게 중요해요. 다들

하는 뻔한 이야기, 일반적인 정보의 나열은 누구나 하는 거니까요.

편 사물을 여러 가지 측면에서 다각도로 보려고 노력 하는 것 같아요.

민 맞아요. 그런 식으로 사물의 이면을 살피고 호기심이 많아 이것저것 궁금해하는 사람이 이 일을 더 잘할 수 있을 것 같아요. 사람들이 이 상품을 왜 살까?와 왜 사지 않을까? 모두를 깊이 있게 고민해보는 노력도 필요하고요.

쇼핑호스트이기 때문에 겪는 애로 사항이 있나요?

편 쇼핑호스트이기 때문에 겪는 애로 사항이 있나요?

민 이 일의 단점과 마찬가지인데요. 바로 체력의 한계죠. 방송이 3개가 잡혀 있어 아침, 점심, 저녁에 각각 하나씩 했는데 다음날 또 스케줄이 있어서 아침에 일어나려고 하면 정말 힘들어요.

편 특별히 힘들거나 어려운 점이 있나요?

민 제가 직접 경험할 수 없는 요실금 관련 상품이나 금액대가 높은 의료기기 상품을 방송하는 게 가장 어려워요. 제 이야기를 들으시고 고객들 입장에서는 저 어린 친구가 아는 척한다고 느끼실 수 있거든요. 그런 식으로 아는 척하는 사람, 건방진 사람으로 여겨지고 싶지 않아요. 그렇다고 그 부분은 모르겠다고 하자니 전혀 공감대를 살 수 없고요. 제가 직접 경험하지 못했고, 할 수도 없는 것들을 이야기로 풀어나가는 게 아직도 큰 숙제예요. 그래서 이런 종류의 상품들을 잘 방송해냈을 때 가장 큰 희열을 느끼죠.

편 함께 방송하는 동료와의 호흡도 중요할 것 같아요.

민 쿵 하면 짝하고 받아주는 파트너랑 진행할 때는 시너지가 나요. 반대로 대본이 없으니까 같이 진행하는 쇼핑호스트가 경험이 별로 없는 경우에는 좀 힘들죠. 어제 같이 방송한 쇼핑호스트도 방송한지 얼마 안 됐거든요. 제가 얘기를 어느 정도 했으니 다음 멘트는 그 쇼핑호스트가 했으면 했는데 긴장한 탓에 카메라만 보고 있더라고요. 시작하는 부분은 콜과 상관없이 둘이서 맞춘 대로 설명하더라도 콜 상황을 보면서 순간순간 멘트를 달리해줘야 하는데 경험이 없으면 그게 잘 안 되니까 방송 전에 많이 맞춰봐요. 특히 론칭 상품인 경우 신입 쇼핑호스트와 한다면 호흡을 많이 맞춰보죠.

편 함께 방송하는 동료는 회사에서 정해주는 건가요?

민 네. 그런데 론칭처럼 첫 상품인 경우 메인으로 결정되면 어떤 PD들은 물어봐 주기도 해요. 이번에 좀 어려운 상품을 해보려고 하는데 누구와 함께하면 좋을지 의견을 내보라고 하는 거죠. 이런 식으로 의견을 묻기도 하지만 기본적으로 쇼핑호스트가 누구와 함께 방송을 할지 결정할 수 있는 권한은 전혀 없어요.

편 면대 면으로 소비자와 닿아있는 것이 아니기 때문에 잘 통했다는 느낌을 받기 어려울 것 같은데 어떤가요?

민 맞아요. 고객의 얼굴을 보고 이야기하는 건 아니니까요. 콜 수만을 보고 고객의 반응을 살피면서 어떤 방향으로 갈지 판단하는 거죠.

편 콜 수가 낮으면 방송하면서 힘이 나질 않을 것 같아요.

민 그렇죠. 기운이 빠지기도 하지만 아무리 실적이 좋지 않아

도 지금 이 순간 구매를 해주는 고객이 있고, 남아있는 생방송 시간이 있기 때문에 계속해서 생각하고 분석해요. PD, 파트너와 함께 어떻게 하면 콜 수를 높일 수 있을지 전략을 짜고, 어떤 방향으로 바꾸면 좋을지 빠른 시간 안에 결정을 하죠.

편 금방 매진이 돼서 예정된 시간보다 빨리 끝나는 경우도 있잖아요. 그럼 나머지 시간은 어떻게 하나요?

민 그날 보유한 수량이 모두 매진되면 미리 준비해둔 긴급 재방송이 나가요. 예약 배송이 가능한 상품이라면 예약 주문을 받기도 하고요.

일을 하면서 받는 스트레스는 어떻게 해소하나요?

편 스트레스를 많이 받는 편이세요?

민 이 일을 하는 것이 정말 즐겁지만 스트레스가 없다고는 말하지 못해요. 저도 가끔씩 불안과 심리적 압박을 느끼죠. 그런 대도 후배들한테는 항상 일희일비하지 말라고 얘기해줘요. 방송만 하는 게 아니라 방송이 세일즈와 연결되다 보니 실적에 따라 감정이 변하게 돼요. 그래서 어떤 후배들은 실적이 좋지 않으면 다음날까지도 자책을 하죠. 그런 후배들을 볼 때마다 안타까워서 그런 식으로 생각하면 절대 이 일을 오래할 수 없다고 얘기해요. 그렇지만 다들 머리로는 이해해도 마음이 따라가질 못하죠. 저 역시 마찬가지고요. 시간이 지남에 따라 후배들에 비해 그 강도가 줄어드는 거지 저도 실적이 좋지 않으면 스트레스를 받거든요.

편 일을 하면서 받는 스트레스는 어떻게 해소하나요?

민 저는 시간이 날 때나 스트레스 때문이 힘이 들면 여행을 가요. 조용히 집에 있는 것보다 가끔은 다람쥐처럼 쌩쌩 어디든 둘러보면 힐링이 되더라고요. 그래서 그런지 반복되는 방송환경에서 벗어나 인터뷰를 위해 외부 촬영을 가는 것도 좋아해요. 제 이런 성향을 보고 한 선배님이 이 직업을 참 잘 선택했다고 하시더라고요. 제가 신나서 인터뷰하러 간다고 하면 에너지가 정말 대단하다고 하시면서요.

편 그만두고 싶을 때는 없으셨나요?

민 그런 적이 있었죠. 어쩌다 슬럼프가 오는데 그럴 때면 다 그만두고 싶다는 생각이 들어요. 일반 직장인들도 그런 주기가 있다고 들었어요. 슬럼프에 빠지면 방송이 잘 안 풀리는 것 같고, 시간은 계속 흐르는데 내 실력은 더 이상 느는 것 같지 않다는 부정적인 감정이 저를 감싸죠. 그 시간을 잘 견디고 극복하고 나면 내가 또 한 단계 올라갔다는 느낌이 들어요. 저는 쇼핑호스트란 직업이 마치 계단을 오르는 것처럼 한 단계 한 단계 성장한다고 생각해요. 이 일을 시작하자마자 정상에 오르거나 스타가 되기는 쉽지 않거든요. 차근차근 계단을 오르다 힘들 땐 좀 쉬다 보면 또 다음 계단을 오를 힘이 생기는 거죠.

쇼핑호스트로서 성취감을 느끼는 순간이 있나요?

⊞ 쇼핑호스트로서 성취감을 느끼는 순간이 있나요?

⊞ 저는 과유불급이라는 말보다 불광불급이라는 말을 더 좋아해요. 不狂不及. 미쳐야 미칠 수 있다는 말인데요. 쇼핑호스트라면 자신이 방송할 상품에 지나칠 정도로 빠져들고 미쳐야만 그 상품을 온전히 이해할 수 있다고 생각해요. 그런 자세로 매 방송마다 상품에 대해 공부하며 최선을 다해 준비하지만 매번 좋은 성과를 낼 수는 없죠. 실적이 썩 좋지 않더라도 스튜디오 문을 열고 나왔을 때 협력사 대표님께서 "방송이 좋았어요. 다음 방송도 함께 해줘요. 역시 민주홍 씨"라고 이야기해 주실 때가 있는데, 그런 순간 가장 큰 성취감을 느껴요.

한 협력사 상품을 오랫동안 방송한 적이 있어요. 그 협력사 대표님께서 제가 아니면 방송을 안 하겠다고 하셨대요. 그 대표님의 얘기를 듣고 정말 감사하더라고요 그만큼 저한테 믿음이 있었던 거죠. 대표님처럼 저를 인정해주는 분들이 계셔서 성취감도 느끼고 더 잘하고 싶다는 생각도 들어요. 물론 매진이 되면 매우 기쁜 것은 사실이에요. 저만의 방식으로 열심히 설명했는데 매진이 되면 신도 나고 잘 해냈다는 마음이 들죠. 그런대도 협력사의 인정이나 칭찬 등에 더 큰 성취감을 느끼곤 해요.

쇼핑호스트가 되고 나서 달라진 이미지가 있나요?

편 쇼핑호스트가 되고 나서 달라진 이미지가 있나요?

민 홈쇼핑 방송은 텔레비전 화면을 통해서만 봤으니 어린 눈에는 쇼핑호스트가 굉장히 화려한 사람이라고 생각했어요. 속눈썹을 길게 붙이고 아름답게 화장한 모습과 평소엔 입지 않는 예쁜 의상, 신경 쓴 네일만 보고 마치 연예인 같다는 인상을 받았죠. 그런데 막상 쇼핑호스트가 되어 보니 그런 화려함은 아주 잠깐 방송할 때만 그렇다는 걸 알게 되었어요. 평상시에는 화장도 하지 않고 다녀요. 심지어 저를 본 사람도 맨얼굴로 만나면 전혀 알아보지 못하죠. 그리고 어떤 업무를 하는지 어느 정도는 알고 있었지만 직접 해보니 상상했던 것 이상으로 분석력과 기획력이 필요한 일이라는 생각이 들어요. 컨설팅을 할 때에도 쇼핑호스트가 주도적으로 나서야 하고, 회의를 할 때에도 다른 사람의 의견을 듣고 수용하는 한편 매우 적극적으로 방향을 이끌어가야 한다는 점도 그렇고요.

Job
Propose 20

쇼핑호스트로서 갖춰야 할
덕목은 무엇이라고 생각하나요?

편 쇼핑호스트로서 갖춰야 할 덕목은 무엇이라고 생각하나요?

민 무엇보다 중요한 건 고객의 '신뢰'를 얻는 일이예요. 신뢰를 얻으려면 상품의 성능을 소개하거나 주문 상황을 알리는 데 있어 절대 과장하지 않아야 하죠. 한 번쯤이야 뭐 어때 하는 생각으로 포장하고 과장해서 방송했는데, 상품을 구매한 고객들이 실망한다면 다음번에 또 저를 믿고 구매해주실까요? 저희들은 상품에 진실만을 담아 진심으로 전달해야 해요. 그래야 제 말이 쌓여 감에 따라 고객들의 신뢰를 얻을 수가 있죠. 홈쇼핑 상품은 받아보고 마음에 들지 않아 반품을 하더라도 택배 비용이 들지 않아요. 쉽게 주문하고 쉽게 반품할 수 있는 구조라 반품률을 줄이는 것도 중요한 문제인데요. 이를 위해서도 신뢰는 중요해요. 제가 과장하지 않고 있는 그대로를 설명한다면 고객들이 오해할 일이 적어지고 그것이 곧 낮은 반품률로 이어지니까요.

엊그제 때 비누 론칭 방송을 했어요. 몸에 발라 문지르면 때가 나오는 비누예요. 이게 10년 전에 유행한 상품이라 다들 안 될 거라고 했죠. 또 겨울 시즌에 잘 팔리는 상품이기 때문에 지금 같은 더운 계절은 더더욱 안 좋은 조건이었어요. 사우나나 한증막으로 때를 밀러 가는 건 주로 겨울에 하고 더운 여름엔 간단한 샤워를 많이 하니까요. 그런 상황이었지만 방송을 하게 됐는데 본부장님한테 연락이 왔어요. 몸에 문질러 나오는 것들이 100% 때가 아니라는 멘트를 하라는 거죠. 예전 같으면 시연을 통해 나온 것들이 모두 때라고는 하지 않아도 고객들이 때로 오해하게끔 그런 말은 안 했을 거예요. 그런데 요즘은 그런 식으로 고객을 기만하지 않아요. 지금 모델들이 보여주고 있는 건 100% 때가 아니라 성분들의 결합작용으로 인해 때처럼 나오는 것이라는 걸 꼭 알려주죠. 그 정도로 신뢰가 중요한 조건이 되었어요.

편 본인의 실수로 인해 업체에 피해를 주지 않으려면 큰 책임감이 필요할 것 같아요.

민 맞아요. 1년 중 가장 큰 가격 할인행사를 하는 특집에서 한 쇼핑호스트가 "이 상품은 오늘이 마지막입니다."라는 멘트를 했어요. 최고 실적을 만들어내는 것도 중요하지만 이보다

앞서 정확한 표현을 하는 것은 더 중요해요. 1년 중 이 가격으로 판매하는 게 마지막인 건데, 상품이 마지막이라고 했기 때문에 그 상품은 더 이상 방송을 할 수가 없게 되었죠. 쇼핑호스트는 책임감을 가지고 말 한마디 한마디에 신중을 기해야 해요.

편 방송 중 돌발 사고가 발생할 경우 이에 대처하는 순발력과 융통성도 필요해 보여요.

민 그렇죠. 생방송에서는 예상하지 못한 방송사고가 종종 일어나요. 제가 5년 차 정도 되었을 때의 일이에요. 그릇세트를 판매하는데 파트너가 그릇끼리 부딪혀서 청아한 소리를 들려주는 핸들링을 했거든요. 카메라 가까이에 대고 보여주던 중에 그릇을 너무 세게 부딪혀서 와장창 깨져버린 거예요. 옆에서 보고 있던 저도 너무 놀라서 헉 소리를 냈죠. 놀란 것도 잠시 바로 멘트를 했어요. "과학적 원리로 경도가 같은 물건끼리는 원래 부딪히면 깨지는 거 아시죠?" 하며 설명을 마무리했지만 주문은 더 올라가지 못했죠. 반대로 위기가 기회가 되는 순간도 있었어요. 엊그제 알로에를 방송하는데 생방송 1시간 전에 차트가 없다는 것을 알게 되었죠. 방송에서는 그림이나

글자가 적힌 패널 차트를 이용해 상품을 설명하는데 사용하던 차트들이 몽땅 사라진 거예요. 차트를 가지러 다시 회사에 다녀오기에는 시간이 너무 촉박해서 차트 없이 생방송을 하기로 결정하고 PD와 함께 설명 방식을 새롭게 바꿔봤어요. 위기가 기회가 된다고 새로운 설명 방식이 고객들에게 좋은 반응을 얻어 이날의 매출이 지금까지의 알로에 방송 중 최고 기록이 되었죠. 이런 상황이 생방송의 묘미라고 생각해요.

쇼핑호스트가
되는 방법

쇼핑호스트가 되는 방법을 알려주세요.

편 쇼핑호스트가 되는 방법을 알려주세요.

민 가장 기본적인 방법은 공채에 응시하는 거예요. 공채 채용을 정기적으로 하는 건 아니에요. 쇼핑호스트들의 이직이 많거나 해당 회사에 방송 횟수가 늘어나는 등의 이유로 인원의 보충이 필요해지면 공채 채용을 하는 식이죠. 그래서 회사마다 채용인원과 채용시기가 모두 달라요. 저희 회사의 경우 1년에 한 번 정도 있고요.

편 다른 회사도 그 정도로 채용하나요?

민 상황에 따라 1년 동안 한 번도 없는 경우도 있어요. 2년에 한 번 하기도 하고요. 또 이직 위주로 쇼핑호스트를 채용하는 홈쇼핑 회사도 있어요. 이곳은 거의 공채가 없고 채용은 대부분 이직으로 이루어져요.

편 시험은 어떻게 진행되나요?

민 첫 단계는 서류전형이에요. 응시 자격을 보면 나이 제한도 없고 전공 제한도 없어요. 전에 어떤 일을 했건 상관이 없

죠. 단 채용 공고에 방송 유경험자 우대란 말이 들어가기는 해요. 경력자와 신입을 나눠서 채용하기도 하고요. 서류전형에 합격한 사람은 2단계 카메라 테스트를 받아요. 여기에서 합격한 사람은 PT를 하는데 이 단계도 카메라 테스트 형식이에요. 합격자들을 식품, 건강기능식품, 이미용, 패션, 생활문화, 무형의 렌털 상품 등의 카테고리로 나누고, 미리 상품을 제시한 후 공부를 해올 수 있게 해요. 그리고 후보자들이 혼자 방송을 진행하는데 도중에 즉석 PT를 시키기도 해요. 순간적인 대처 능력을 보기 위해서죠. 여기까지 합격한 사람은 최종적으로 임원 면접에 들어가 당락을 결정짓게 돼요. 그리고 중간에 인적성검사가 있고, 마지막에 건강검진이 있고요.

편 카메라 테스트는 어떻게 진행되는 건가요?

민 카메라 테스트에서는 카메라 화면에 잡힌 후보자의 웃는 모습과 인상 등을 봐요. 미인대회 출신 후보자도 많은데 무조건 예쁜지를 보는 것은 아니고 전체적인 인상을 보죠. 고객들에게 호감을 줄 수 있는 사람인지 말이에요. 또 생방송을 진행해야 하니 떨지 않고 인터뷰를 잘 해내는지도 볼 것 같네요.

 보통 한 회에 몇 명 정도 채용하나요?

 채용 인원이 정해져 있는 것이 아니라 회사의 상황에 따라 매번 달라져요. 제가 회사에 다니는 중에는 적게는 2명, 많게는 13명까지 채용했어요.

 남녀 채용 비율이 정해져 있나요?

 그렇지는 않아요.

▣ 채용이 되면 바로 정직원이 되는 건가요?

▣ 채용 후 3개월 정도 인턴을 거쳐요. 인턴 기간 중 했던 방송 등을 토대로 평가를 받고 계약 여부가 결정되죠. 대부분의 홈쇼핑 회사가 인턴 제도를 두고 있어요.

▣ 경쟁률은 어느 정도 인가요?

▣ 적게는 600 대 1에서 많게는 1,000 대 1 정도는 나오고 있어요. 1차 서류전형은 누구나 지원할 수 있으니까 그렇게 높게 나오는 것 같네요.

▣ 아카데미를 꼭 다녀야 하나요? 비용은 얼마나 드나요?

▣ 후배들한테 물어봤는데 보통 아카데미에서는 기초 과정 3개월에 전문 과정 3개월을 권한대요. 그렇게 6개월 과정 24회 차 수업을 수강하면 350만 원 정도가 들어요. 좀 저렴한 곳은 1년에 280만 원 정도 하는 곳도 있고요. 저렴한 비용은 아니죠. 취업 준비생 입장에서 350만 원이라는 목돈을 마련하기는 쉽지 않아 보이거든요. 그런데도 요즘엔 아카데미에 많이 다니더라고요. 시험 준비가 더 수월하고 PT를 하는데도 도움이 되니까요. 하지만 필수는 아니에요. 채용되는 사람을 봐도 전

부 아카데미 출신은 아니죠. 아카데미에서 배운 것들이 PT에 유리하기는 하지만 혼자 방송을 보고 공부하고 연습할 수도 있고요. 저 역시 아카데미에 다니지 않고 시험에 합격했어요.

편 최근 합격생들을 보면 아카데미에 다닌 사람들이 많나요?

민 필수는 아니지만 많아요. 합격생 절반 이상이 아카데미에 다닌 경험이 있죠. 아카데미에 다니면 시험 과정 준비는 물론 서로 정보를 교환할 수도 있고 함께 PT 전략을 짤 수도 있어요. 또 지난 시험 유형이나 지난 면접 때 나온 질문이 어땠는지도 알 수 있으니까 아무래도 도움이 되겠죠.

쇼핑호스트가 되기에 유리한 전공이 있나요?

편 쇼핑호스트가 되기에 유리한 전공이 있나요?

민 전공의 제한도 없고 특별히 유리한 전공도 없어요. 실제 합격자들의 전공을 보면 굉장히 다양하죠. 영어영문학, 국어국문학, 정치외교학, 철학 전공자도 있고, 패션디자인학과나 방송연예과, 신문방송학과, 연극과, 연기과, 무용과 출신도 많아요. 드물게는 치위생과, 건축학과, 전자정보통신학과를 나온 사람도 있고요. 각양각색이죠?

전공은 물론 경력도 매우 다채로워요. 이번 합격자 중에는 TV조선 앵커를 했던 분도 있었고, 전직 KBS 기상캐스터도 있었어요. CBS 아나운서 출신도 있었고요. 또 잡지 모델이나, 호텔리어, 사내 아나운서, 승무원 경력이 있는 분도 많아요. 많지는 않지만 연극하다 온 분, 아이돌 가수로 활동했던 분도 있고요. 저와 자주 방송을 하는 장성민 쇼핑호스트도 아이돌 출신이죠.

학창시절에는 어떤 준비를 하면 좋을까요?

편 학창시절에는 어떤 준비를 하면 좋을까요?

민 쇼핑호스트가 되고 싶다면 먼저 발표를 많이 해보면 좋겠어요. 반에서 모둠별 수행평가 발표를 한다든지 교내 행사 때 전교생 앞에서 연설을 한다든지 기회가 있을 때마다 적극적으로 나서보는 거예요. 우선은 머릿속으로 할 말을 정리하고 사람들 앞에 서서 대본 없이 말하는 연습을 꾸준히 하다 보면 분명 이 일을 하는데 도움이 될 거예요. 또 자연스럽게 발음과 발성 훈련도 되겠죠? 내가 남들 앞에 서서 말하는 일을 좋아하는지도 알 수 있겠고요. 그리고 이 일을 잘 해내려면 사물을 관찰하는 능력과 분석하는 능력, 기획력도 중요하거든요. 그러니 같은 대상을 바라보더라도 남들과 다르게 보는 습관을 기르고, 대상의 이면까지 들여다보는 연습을 하며, 남들보다 더 깊이 있게 보려는 노력을 통해 안목을 길러보세요.

편 이 직업을 가지게 된 동기는 무엇인가요?

민 저는 기자였던 이모 덕분에 방송국이나 취재 현장에 가볼 수 있었어요. 그곳에서 마이크를 들고 있는 여성 방송인의 모습을 보고 멋지다고 생각했죠. 하지만 사실 중학교 때까지 카메라와 마이크 앞에 설 수 있는 직업은 아나운서와 기자밖에 알지 못했어요. 고등학교 때 우연히 엄마를 따라 미용실에 갔다가 TV 홈쇼핑을 처음 보게 되었고, 그때부터 쇼핑호스트란 직업에 호기심을 갖게 되었죠. 그 당시 이 직업에 대해 알아보기 시작했을 때 처음 느낀 점은 쇼핑호스트는 화려하다, 내가 기획한 멘트를 한다, 연봉이 높다, 시간을 자유롭게 쓸 수 있다는 것이었어요. 지금 생각해보면 그때의 느낌이 다 맞는 것은 아니었지만 그런 식으로 관심을 갖고 알아보며 쇼핑호스트의 꿈을 꾸기 시작했죠.

편 학창시절 쇼핑호스트가 되기 위해 노력한 게 있다면 알려주세요.

민 고등학교 때 방송반 활동을 했고, 서울시 토론대회와 전국 MC 대회, 연기 분야의 수상 경력이 있어 방송 특기자로 대학에 입학했어요. 대학을 수시로 합격했기 때문에 고등학교 3학년 2학기가 되자 여유로운 시간이 많아졌어요. 당시에는 수시 합격자의 경우 고등학교 대신 입학할 대학교로 등교해 두 과목의 수업을 미리 들었거든요. 그래서 여유 시간이 많았고, 남

는 시간에 아르바이트를 했는데 청소나 잡무, 단순 판매보다는 쇼핑호스트 일에 도움이 될 영업 분야의 일을 하고 싶어서 금제품을 팔았죠. 손님이 오면 본인이 착용할 것인지 다른 분에게 드릴 선물인지 묻고 그 대상에 따라 추천을 해줬는데 그게 정말 재미있더라고요. 아르바이트를 하면서 이 일이 나한테 정말 잘 맞는다고 느꼈고 더더욱 쇼핑호스트가 되고 싶다는 생각이 들었죠.

대학교에 다니면서는 우선 리포터 일을 시작했어요. 데일리 프로그램이든 MBC든 경력에 넣을 수 있는 것은 있는 대로 지원해서 일했죠. KBS의 〈사랑의 리퀘스트〉도 많이들 아는 프로그램이라 경력에 넣고 싶어서 지원했는데 막상 가보니 뒤에서 전화받는 역할이더라고요. 어쨌든 가능한 많은 경력을 쌓아 눈에 띄는 이력서를 만들기 위해 적극적으로 일했어요.

저는 아카데미에 다닌 게 아니라 PT가 뭔지 전혀 몰랐어요. 그래서 우선 노트에 홈쇼핑 편성표와 해당 쇼핑호스트를 적어 놨어요. 그리고 방송을 보면서 어떤 순서로 설명을 하고 어떻게 진행하는지 차곡차곡 적어 나갔죠. 상품의 종류에 따라 각각 다른 방식으로 설명하는 걸 보면서 아 저런 상품은 저렇게 설명하는 거구나 하고 이해한 거죠. 그렇게 수첩을 채워

나가며 준비했고 면접 보기 바로 직전에도 그 노트만 봤어요. 아니나 다를까 면접에 그런 질문이 나왔어요. 우리 회사에서 가장 잘 한다고 생각하는 쇼핑호스트는 누구인지, 우리 회사 방송 중 어떤 카테고리의 방송을 본 적이 있는지 묻는 질문이었죠.

편 공부를 잘해야 하나요?

민 이 일을 하는데 학교 공부나 성적표는 중요하지 않아요. 그렇지만 공부하는 걸 좋아해야 한다고는 생각하죠. 단 여기서 말하는 공부란 학교 교과서에 나오는 내용을 외우고 익히는 공부는 아니에요. 상품에 대한 이해, 경쟁상품과의 비교, 시장의 경향 조사 등을 주도적으로 해나가는 일을 말하는 거죠. 자신이 팔려는 상품에 대해 누구보다도 잘 알아야 하기 때문에 조사하고 공부하는 일을 좋아해야만 이 일을 더 잘할 수 있으니까요.

편 발음, 발성 연습이나 조리 있게 정리해서 말하는 연습도 필요할 것 같아요.

민 볼펜 물고 발음 연습하는 거 많이들 보셨죠? 저 같은 경우

립스틱을 바른 상태에서 그런 연습을 하는 게 불편하더라고
요. 그래서 저는 녹음하기 직전에 치아를 다물고 말하는 연습
을 해요. 치아를 다물고 말을 하면 입 주변의 근육이 싹 풀어
지거든요. 어느 정도 연습을 하고 나면 입을 작게 벌리건 크게
벌리건 발음이 명확해지는 게 느껴지죠. 저는 잘 하지 않지만
혀를 내밀고 말하는 것은 목 근육을 풀어주는 데 좋다고 해요.

편 아프리카TV나 유튜브 등에서 BJ로 활동하는 것도 도움이
될까요?

민 마이크 앞에서의 다양한 경험은 생방송을 진행하는 밑거
름이자 자양분이 될 수 있어요. BJ로서 성공하면 대중적인 셀
럽으로 거듭나면서 많은 인지도를 쌓을 수도 있겠죠. 하지만
BJ가 대중과 만나는 것과 쇼핑호스트가 고객과 만나는 것은
그 목적이 다르죠. 그들이 원하는 것이 소통이라면 저희는 세
일즈를 목표로 고객과 만나니까요. 그런 이유로 BJ활동이 스
피치를 하는데 도움이 될 수는 있으나 세일즈 부분만 놓고 본
다면 꼭 도움이 된다고 보기는 어려울듯해요.

쇼핑호스트가 되려면 외국어를 잘해야 하나요?

편 쇼핑호스트가가 되려면 외국어를 잘해야 하나요?

민 우리가 외국에 나가서 방송을 할 것도 아니니 외국어를 잘해야 할 필요는 없어요. 어느 정도 경력을 쌓은 후 러시아나 중국 등 해외 홈쇼핑으로 진출하려는 사람이라면 외국어로 의사소통이 되어야 하겠지만요. 저 같은 경우 면접 마지막에 자신 있는 외국어로 자기소개를 하라고 한 적이 있었어요. 지금은 다들 외국어를 잘하니까 면접에서 그런 일은 잘 없더라고요. 또 제 전공이 영어영문학이라 그런지 영어나 어학기와 관련된 상품들을 종종 진행했는데 그런 상품을 설명할 때 유리할 수는 있어요.

좋은 쇼핑호스트가 되기 위해서는
어떤 자질을 갖추어야 하나요?

편 좋은 쇼핑호스트가 되기 위해서는 어떤 자질을 갖추어야 하나요?

민 깡, 끼, 끈, 꾀, 꼴, 꿈, 꾼. 이게 무슨 말이냐고요? 입사 시험 1차에 합격하고 2차 카메라 테스트를 받으러 갔는데 아주 큰 스튜디오 안에 카메라 3대가 켜져 있었어요. 앞에는 근엄한 면접관들이 앉아 계셨고요. 정말 떨리더라고요. 당시에도 이것과 똑같은 질문을 받았는데, 그때의 대답은 지금도 변함이 없어요. 그때 저는 큰 목소리로 주문처럼 이렇게 대답했죠. 깡이라는 자신감, 끼라는 순발력이 있어야 해요. 그리고 끈이라는 선배들과의 인맥도 중요하죠. 함께 진행하는 선배에게 많은 걸 배우게 되거든요. 꾀라는 아이디어와 꼴이라는 호감형 외형관리, 꿈이라는 좋은 쇼핑호스트가 되려는 마음, 마지막으로 꾼이 되겠다는 포부까지 갖춰야 한다고 생각해요.

어떤 성격을 가진 사람이 쇼핑호스트에 적합한가요?

편 어떤 성격을 가진 사람이 쇼핑호스트에 적합한가요?

민 밝은 성격의 소유자가 이 일을 잘할 거라고 많이들 생각하세요. 그렇지만 동료들을 보면 모두 밝고 활발한 사람들만 있는 건 아니에요. 쇼핑호스트의 수만큼이나 성격이 다양하죠. 어떤 사람은 평소에 말수가 없고 얌전하지만 방송에서는 그렇지 않기도 해요. 또 평소와 같이 조용하게 말하며 차분히 설명하는 사람도 있고요. 동료 중 정상헌 쇼핑호스트는 평소에도 말이 별로 없고 마이크 앞에 선 경험도 없던 터라 처음 이 일을 한다고 했을 때 친구들이 정말 놀라워했다고 해요. 동료들만 봐도 어떤 성격이 적합하다고 말하기는 어려워요. 중요한 건 이 일에 얼마나 관심과 열정이 많은가 하는 것이지 성격은 그리 중요하지 않죠.

쇼핑호스트가
되면

입사 후 언제부터 방송을 진행하나요?

편 입사 후 언제부터 방송을 진행하나요?

민 입사하면 먼저 3개월 정도의 인턴기간을 거치는데 그동안 은 교육과 멘토링을 받아요. 경험이 풍부한 선배들에게 지도 와 조언을 받으며 실력을 키워나가고 잠재력을 향상시키는 것 이죠. 그리고 그 기간의 평가를 통해 계약 여부를 결정지어요. 모두 계약이 성사되는 것은 아니고 평가 점수가 좋지 않은 몇 몇은 탈락하기도 해요. 계약을 하고 쇼핑호스트가 되면 그때 부터 방송을 시작하는데 초반에는 일주일에 1개 정도 하며 선 배와 함께 진행하죠.

연봉은 어느 정도인가요?

편 연봉은 어느 정도인가요?

민 억대 연봉 쇼핑호스트 누구누구 씨라는 얘기는 많이들 들어보셨을 거예요. 전에는 그런 얘기가 이슈가 되기도 했는데 최근에는 각 회사 별로 억대 연봉을 받는 쇼핑호스트들이 많아졌어요. 저도 어린 나이에 억대 연봉 궤도에 진입했고요. 아주 드물지만 억대 연봉을 넘어 한 달에 3,000~4,000만 원씩 버는 분들도 있죠. 꼭 그런 분들만이 아니라 평균적으로 다른 직종에 비해 연봉이 높은 편이에요. 프리랜서가 돼서 받는 연봉이 대기업 초임 연봉보다도 많으니까요.

편 직급에 따른 연봉이 궁금해요.

민 앞서 얘기했듯이 3개월 정도 인턴 기간을 보내고, 계약이 되면 그 후 2년 정도 인큐베이팅 과정을 거쳐야 해요. 당사직이라고 부르는데 이 기간 동안은 방송 횟수와 상관없이 월급을 받죠. 인큐베이팅 과정도 끝나면 프리랜서 계약을 맺어요. 프리랜서이긴 하지만 계약 상 자회사의 방송만 진행하며, 나이나 연차, 경력과 상관없이 개인별로 회당 금액을 산정해서 연봉을 계산해요. 오로지 능력으로 평가받는 것이죠. 그래서 동기라 해도 연봉이 다 달라요. 계약은 1년마다 하고요.

편 연봉이 깎이기도 하나요?

민 다른 분들의 연봉을 모르니 정확하지는 않지만 내려가는 경우도 있다고 들었어요.

편 계약이 종료되기도 하나요?

민 계약직이다 보니 종료되는 경우도 있죠. 그런데 저희 회사는 최근 몇 년 동안에는 계약이 종료되는 경우는 없었어요.

편 계약 종료는 실적과 연관이 있나요?

민 실적과는 전혀 상관이 없고, 방송을 진행하는 실력이나 자질 등으로 평가받는다고 생각해요. 왜냐하면 보통 신입의 경우 어떤 상황에서든 능숙하게 대처하기가 쉽지 않아서 콜 수에 따라 당황하지 않도록 안정적인 시간에 배치하거든요. 또 어렵고 힘든 상품은 선임에게 맡기고, 매진을 열 번 정도 이어가며 효율성이 어느 정도 입증된 상품은 신입에게 맡기기도 하기 때문에 연차와 실적이 비례할 수가 없죠. 그러니 실적으로만 쇼핑호스트를 판단하지는 않아요. 회사에서도 고객의 신뢰를 얻는 것에 가치를 두고 있지 실적으로 압박하는 일은 없어요.

편 쇼핑호스트의 연봉 등을 판단하는 기준에서 실적이 중요한 요소가 될 거라 생각했는데 전혀 아니네요.

민 연봉협상에서 실적은 금액을 결정하는 여러 가지 요소 가운데 하나일 뿐, 100% 실적으로만 연봉이 결정되지는 않아요. 소위 잘 나가는 쇼핑호스트들이 한 방송에서 몇 십억의 매출을 올렸다는 기사를 본 적이 있을 거예요. 60분 동안 그 큰돈을 벌어들이다니 하고 능력 있는 쇼핑호스트와 실적을 연결해 생각하는 분들이 많아요. 그렇지만 내부적인 평가 기준을 볼 때 실적은 연봉을 결정짓는 절대적인 기준이 아니에요.

편 스카우트 제의도 많이 들어올 것 같아요.

민 네. 스카우트 제의도 많이 있지만 본인이 희망해서 이직을 하는 경우도 많아요. 채널이 많아지면서 이직하는 경우가 굉장히 늘었어요.

쇼핑호스트도 직급 체계가 있나요?

■ 쇼핑호스트도 직급 체계가 있나요?

■ 프리랜서라 일반 회사처럼 대리나 과장, 부장 같은 직급은 없어요. 선임에게는 선배님이라는 호칭을 사용하죠. 회사 내부에서 저를 부를 때는 민주홍 쇼핑호스트님이라고 부르고, 저희도 PD님, MD님 이렇게 불러요. 다른 홈쇼핑 회사도 마찬가지고요.

근무 시간은 어떻게 되나요?

■ 근무 시간은 어떻게 되나요?

■ 미팅과 방송 스케줄이 있는 시간이 저희들의 근무시간이에요. 보통 회사와 달리 공휴일이나 주말에 일하거나 평일인데 쉴 수도 있죠. 장기 휴가를 가야 할 경우 미리 신청하면 쓸 수 있고요.

편 근무 여건은 어떤가요?

민 상사 때문에 스트레스를 받을 일도 없고, 분장이나 코디도 회사에서 다 알아서 해주니 자신이 맡은 방송만 열심히 하면 돼요. 또한 회사의 방송뿐만 아니라 외부 활동도 가능해서 MC나 강연 일을 할 수도 있죠. 급여는 지급되지 않지만 육아휴직도 가능하고요. 또한 육아휴직 후 복직하기가 쉬운 편이에요. 그런 것들을 종합해봤을 때 일하기에 나쁜 여건은 아니라고 생각해요. 그렇지만 고용 안정성 측면에서 볼 때 프리랜서 계약직이다 보니 안정적이진 않죠. 4대 보험에도 가입되어 있지 않고요.

편 근로소득세를 내는 직장인이 아니고 종합소득세를 내는 개인사업자네요.

민 네. 맞아요. 그래서 지난 5월에도 종합소득세 신고를 했죠.

편 임신을 해서 아이를 낳고 다시 복직하는 게 쉬운가요?

민 그럼요. 그 점이 큰 장점이에요. 회사에서는 결혼과 육아를 긍정적으로 바라보고 있어요. 홈쇼핑의 주 고객층이 결혼한 주부들이라 관련 상품을 진행하는데 아주 큰 도움이 되니까요.

📧 여성들에게 매력적인 직업이네요.

📧 저는 일과 육아를 병행하고 있지만 다른 워킹맘들처럼 아이와 온종일 떨어져 지내는 데서 오는 고민은 적은 편이에요. 정해진 출퇴근 시간이 없어 평일 내내 아이를 다른 곳에 맡겨놓지 않아도 되니까요. 또 장을 보러 마트에 가고 가족을 위해 음식을 만드는 제 개인적인 일들이 일에 도움이 되고 있으니 그것 또한 좋은 일이죠.

노동 강도는 어느 정도인가요?

편 노동 강도는 어느 정도인가요?

민 방송 횟수나 미팅에 할애하는 시간이 모두들 다르니 노동 강도는 쇼핑호스트마다 다르겠죠. 어떤 사람은 방송이 별로 없어서 겸업을 하면서도 여유롭게 일하는 반면 일주일에 방송이 10개씩 잡힌 사람은 정말 바쁘게 보낼 거예요. 방송이나 미팅뿐만 아니라 자료화면 촬영을 위해 출장을 가거나 콜센터를 방문하거나 신상품 설명회에도 참석해야 하니까요.

정년은 언제까지인가요?

편 정년은 언제까지인가요?

민 정년이 정해져 있지는 않아요. 지금 현역으로 일하는 쇼핑호스트 중에 가장 나이가 많은 분이 오십이세요. 나이와 상관없이 너무나 근사하고 아름다운 모습으로 화장품을 팔고 계시죠. 나이 많은 분이 진행을 하면 안정적인 느낌이나 신뢰감을 줄 수 있어요. 그래서 유기그릇이나 공인중개사 수강권 같은 상품은 나이가 있는 분들이 많이 진행하고 있어요. 주부들은 20대 젊은 친구들보다는 나이가 좀 있는 쇼핑호스트가 유기그릇을 실제 사용했더니 어땠는지, 어떻게 관리하면 되는지 들려주면 더 공감을 하죠. 제2의 인생을 준비하면서 공인중개사 시험을 보려는 분들도 나이 많은 쇼핑호스트가 하는 말을 더 진정성 있게 느끼고요.

편 정년을 채우기도 전에 먼저 그만두는 경우도 있을 텐데 적응하지 못하는 이유가 있을까요?

민 물론 그만두는 경우도 있죠. 하지만 꼭 적응하지 못해서 그만둔다고 볼 수는 없어요. 쇼핑호스트 경험을 디딤돌 삼아 또 다른 꿈을 향해 가는 경우도 있으니까요. 하지만 적응하지 못해서 그만두는 경우라면 실적에 대한 스트레스나 방송 횟수에 대한 불안감, 체력의 한계 등이 아닐까 싶어요.

편 직업병이 있나요?

민 쇼핑호스트들은 목감기에 잘 걸려요. 회사 근처에는 저희들이 단체로 가는 이비인후과도 있죠. 목을 많이 사용한 결과그 부분이 약해져서 그렇다고 하더라고요. 그게 직업병이죠.또 직업병까지는 아니지만 인터넷에서 읽은 얘긴데 이게 제얘기가 될 수도 있겠다 싶은 게 있었어요. 제가 결혼식 사회를많이 보거든요. 그래서 더 공감했던 얘기예요. 사회자가 결혼식에 와준 분들에게 이렇게 인사했대요. "5월의 따사로운 날씨에 신랑과 신부의 결혼식을 축하하기 위해 귀한 발걸음 해주신 고객 여러분들 감사합니다." 하객을 고객이라고 한 거죠.이 얘기를 읽으면서 웃었지만 이게 남의 일만은 아닐 수도 있다고 생각해요. 그래서 엊그제도 사회를 보면서 대본 위에 크게 하객이라고 써놨죠. 고객이라니, 남의 결혼식에 얼마나 큰실례예요.

편 목 관리를 잘 해야 할 것 같아요.

민 네. 쇼핑호스트들 대부분은 물을 가지고 다니면서 자주마시고 있어요.

가장 기억에 남는 순간은 언제였나요?

편 쇼핑호스트 생활을 하면서 가장 기억에 남는 순간은 언제였나요?

민 상조 방송을 하다가 대형 방송사고를 터뜨린 적이 있어요. 결혼 전인가 엄마와 여행을 하는데 제가 운전을 하고 옆 좌석에는 엄마가 앉아 계셨죠. 그때가 외할머니가 돌아가신지 3년 정도 지난 시점이었는데, 갑자기 엄마가 "내가 집으로 전화를 하면 엄마가 여보세요 하고 받았으면 좋겠다." 그러시는 거예요. 엄마의 말에 눈물이 핑 돌아서 일부러 앞만 봤죠. 다 잊으신 줄 알았는데 아니었구나, 엄마도 엄마가 보고 싶은가 보다 하고 마음이 저렸던 일이 있었어요. 오랜만에 상조 방송을 하는데 그 기억이 나서 그때 얘기를 했죠. 그런데 말을 하다 보니 감정이 격해져 얘기를 잇지 못할 정도로 눈물이 났어요. 저 혼자 진행을 하는 방송이었고, 게스트는 처음 방송을 하는 장례지도사 두 분이었죠. 제가 우니까 저 대신 말을 이어받은 한 게스트 분이 쇼핑호스트가 우니 저도 눈물이 난다며 같이 우시는 거예요. 그래서 일단 분위기를 전환하려고 방청객 인터뷰를 했는데, 하필 인터뷰이도 엄마가 너무 아프셔서 저와 비슷한 이야기를 하셨어요. 방송이 계속 그런 식으로 진행되자 그 시간이 너무 길게 느껴졌고 제 방송 인생 중 최대 고비가 되었죠. 죽음을 다루는 상조 방송이라 해도 상품이기에 수의와 관, 고인 전용 리무진 등을 설명해야 하는데 눈물이 멈출 줄 모르더라고요. 한껏 감정이 고양된 상태에서 그런 얘기를 하려니 많이 힘들었어요. 그런데 정말 신기한 건 지금까지의 방송 중 눈물을 흘렸던 이날이 최고 매출을 기록한 날이라는 거예요. 신입 교육에 들어가면 항상 얘기하는 가장 큰 사고이자 에피소드죠.

다른 분야로 진출이 가능한가요?

편 다른 분야로 진출이 가능한가요?

민 MD가 되거나 해외 홈쇼핑으로 진출해 상품을 판매할 수도 있고 아카데미 교육 분야에서 일할 수도 있어요. 쇼핑호스트 아카데미를 설립해 후배를 양성하는 교육을 하거나 스피치만을 전문으로 교육할 수도 있죠. 또 다른 분야로 홈쇼핑 벤더 사업이 있는데요. 최근 많은 선배님들이 이 분야로 진출하고 있으며 수입이 높다고 들었어요. 그리고 협력사의 임원으로 들어가는 일도 있어요. 아무래도 홈쇼핑을 오랫동안 진행하다 보면 소비 트렌드를 파악하는 일에 전문가가 되니까요. 그런 이유로 협력사의 좋은 자리로 가는 경우가 종종 있더라고요.

편 홈쇼핑 벤더라는 게 어떤 일인가요?

민 벤더란 일반적으로 중간 유통업자를 말하는데요. 협력사의 제조 공장에서 어떤 상품을 만들면 제가 그 상품을 판매하는 방송을 해요. 그런데 공장의 상품이 방송을 위해 제 앞에 오기까지는 많은 과정이 필요하죠. 이 과정, 즉 공장과 저를 이어주는 일을 하는 회사를 홈쇼핑 벤더라고 보면 돼요. 협력사 입장에서는 홈쇼핑의 시스템에 대해 잘 모르기 때문에 가교 역할을 해주는 벤더가 필요하죠. 벤더는 생방송 한 시간을 진행하는데 필요한 준비물이 무엇인지 체크하고 모든 세팅을 해요. 이런 식으로 방송 진행만을 대행하는 업체를 방송 벤더로, 제조업체로부터 물건을 구입해 판매부터 방송 진행까지 하는 업체를 사입 벤더로 분류하기도 해요.

편 진출 분야가 다양하네요.

민 네. 거기다 고객과 소통할 수 있는 채널은 더욱 다양해지고 있죠. TV 홈쇼핑과 T커머스에서 이젠 M커머스로 그 영역이 확장되고 있는 만큼 쇼핑호스트의 진출 분야도 더 많아질 것으로 예상돼요. 최근에는 갑자기 다섯 군데의 M커머스 회사가 설립되는 바람에 이직이 정말 많았어요. 신생 회사들은 신입보다는 경력직을 찾으니까요. 유튜브나 SNS로의 길도 열려 있으니 쇼핑호스트가 일할 수 있는 곳은 점점 많아지겠죠?

편 다른 분야로 진출해 성공한 사례가 있다면 들려주세요.

민 한때 홈쇼핑에서 우엉차를 비롯한 건강차들이 유행의 바람을 타고 많이 팔린 적이 있었어요. 우엉차가 다이어트에 좋다고 하니 이 차를 마시면 살이 빠지고 예뻐진다고 해서 한참 유행했었죠. 그 당시 일이에요. 쇼핑호스트를 그만두고 게스트로 활동하면서 홈쇼핑 벤더 일을 조금씩 배워나간 분이 있었어요. 그분이 해외에 나갔다가 차를 우리는 유리 티 포트를 보게 되었는데, 홈쇼핑에서 판매하면 괜찮을 것 같다고 판단해 MD에게 가져와 방송을 하자고 했죠. 그런데 그 유리 티 포트 가격이 14만 9천 원이었어요. MD는 난색을 표했죠. 우리나라 주부들이 유리로 된 티 포트 하나를 14만 9천 원에 사겠냐는 거였어요. MD는 안 된다고 했고 그분은 한 번만 방송해보자며 계속해서 설득했죠. 설득 끝에 방송을 한 번 해보기로 했는데, 그 유리 티 포트가 20분 만에 매진이 된 거예요. 제가 볼 때 당시 우엉차나 히비스커스 등 우려내 마시는 차들이 유행을 하고 있었는데 차를 우릴 적당한 티 포트는 없었기 때문에 이 상품이 잘 팔렸다고 생각해요. 기존의 전기 포트와 달리 티 포트는 물을 100도까지 끓이는 게 아니라 낮은 온도로 계속해서 은근하게 우리는 방식이었어요. 차를 우리고 마시는데 최적화된 포트였죠. 차의 유행과 맞물려 첫 방송에서 큰 성과를 내자 MD는 1년 단독 진행을 제안했고 그 1년 동안 16억을 벌었다고 해요. 그 금액이 보통 회사에서 직장생활을 하거나 사업을 한다고 해도 쉽게 만질 수 있는 금액은 아니잖아요. 굉장히 잘 된 경우죠.

다른 사례도 있는데 위 경우와 비슷해요. 전직 쇼핑호스트가 게스트를 하면서 홈쇼핑 벤더 일도 겸업했죠. 이분이 빵두 쪽을 한꺼번에 찍어 샌드위치처럼 만드는 프라이팬을 가지고 나왔어요. 6만 원대에 판매했는데 이 상품 역시 굉장히 잘팔려서 1년에 6억을 벌었다고 들었어요. 쇼핑호스트들은 항상트렌드에 민감할 수밖에 없어요. 의식하지 않더라도 이 일을하다 보면 소비 트렌드가 저절로 몸에 새겨지는 느낌이죠. 쇼핑호스트로서의 오랜 경험과 트렌드를 읽는 눈이 그분들이 성공하는데 큰 역할을 했다고 생각해요.

편 그분들처럼 사업을 해볼 생각은 없으세요?

민 저도 가끔 그런 생각을 한 적은 있어요. 그렇지만 모든 사람들이 성공을 하는 것도 아니고, 트렌드를 잘 안다고 해도 그게 매출 달성의 보장이 되는 건 아니잖아요. 그리고 무엇보다쇼핑호스트로 일하는 지금이 너무나 행복하고요. 그래서 사업생각은 없어요. 그리고 아직은 교육, 강의, 재능기부 등 무궁무진한 진출 분야로 관심이 많아요. 무엇보다 지금은 쇼핑호스트 현장이 가장 행복하고요.

나도
쇼핑호스트

"

여러분이 쇼핑호스트가 되었다고 상상해보세요.
곧 여행상품 방송을 앞두고 있어요.
어떻게 하면 고객을 설득할 수 있을까요?
사람의 마음을 움직이는 일은 쉽지 않지만,
설득 커뮤니케이션 방법을 알고 있다면
여러분도 할 수 있어요.
설득 커뮤니케이션, 다섯 가지 키워드로 배워 봐요.

"

01 **한마디로 유혹하라**

영화감독이 120분이 넘는 영화를 제작하면서 가장 고민하는 장면이 첫 장면이라는 이야기를 들은 적이 있다. 첫인상을 남기자. 출발은 중요하다.

대부분 TV 홈쇼핑에서 매주 금요일과 토요일 00:00에는 주로 여행상품을 방송한다. 가장 편한 옷을 입고 가장 편한 자세로 TV를 시청하던 시청자에게는 당장 구체적인 여행 계획이 없다. 하지만 리모컨을 잡고 홈쇼핑에 머무는 시간은 길다. TV 홈쇼핑에서 여행상품 방송의 시청률이 높은 자료가 그 증거다.

첫인사에서 주절주절 오늘 준비한 모든 내용을 나열할 생각은 접자. 속담, 명언, 격언, 유머, 일화 등을 활용해서 오프닝은 한마디로 유혹하자.

예 "자식에게 만권의 책을 읽히는 것보다 만 리의 여행을 보내는 것이 낫다는 중국 속담이 있습니다. 이번 겨울방학 아이들과 교과서 밖으로 중국 여행은 어떠세요? 안녕하세요? 쇼핑 호스트 민주홍입니다."

02 감성 접근! : 우뇌형, 스토리텔링 기법

두뇌의 우뇌는 감성적인 내용에 반응한다. 추상적인 이야기를 준비하는 것보다 자세한 상황을 제안해보자. 디테일이 살아있으면 설득력이 생긴다. 그래야 고객에게 공감을 얻고 구매로 이어질 수 있다.

예를 들어 가족이 함께 해외여행을 떠날 때는 목돈이 든다. 비용이 부담스러운 것은 사실이다. 이 상황에서 고객에게 "오늘이 최저가예요. 오늘 가격이 좋습니다."라는 이야기는 마음에 와닿지 않을 것이다. 돈이 많이 든다는 관점을 긍정적 소비가치 감성 스토리텔링으로 설득하자.

예 "얼마 전 청소년들의 스마트폰 중독이 심각하다는 뉴스가 나왔죠. 생각해보면 집에 와서도 휴대폰을 자주 만지고, 컴퓨터 앞에 있는 시간도 굉장히 길어졌어요. 자, TV를 끄고 가족끼리 대화를 한 적이 언제였나요? 2박 3일간 가족의 시간을 선사합니다. 시간은 돈으로도 살 수가 없다고 하죠? 아이들의 견문도 넓힐 수 있는 기회, 떠나볼까요?"

03 이성접근! : 좌뇌형, 스토리텔링 기법

관광지에 대한 자료를 수집하면서 통계의 힘도 잊지 말자. 두 뇌의 좌뇌가 이성적인 내용에 반응하듯, 막연한 메시지보다 다양한 통계가 담긴 스토리텔링 활용으로 전달력을 강화하자.

자료 수집한 내용을 바탕으로 누구에게 이야기할 것인가? 사전 제작회의에서 나라별로 시즌별로 주 고객층이 누구인가 를 묻고 분석하여 통계를 활용하자.

예 일본 규슈 여행상품의 경우,
가족단위는 기본이지만 NS홈쇼핑은 타사보다 40대 이후 60 대의 단체여행객이 많다. 계모임, 부부동반, 산악회 등 단체 모임에 대한 제안도 좋다.

"한국인이 가장 가고 싶어 하는 해외여행지 1위는 어디일

까요? 바로 1위가 일본인데요. 해외여행을 하려는 이유로는
이국적인 경관, 볼거리가 73.1%를 차지했네요. 먼 나라 이웃
나라로 이번 모임을 계획해보세요. 단풍의 절정 시즌인 10월
중순 출발하는 규슈 여행에 친구와 가족 또는 단체여행객 12
분이 떠난다면 단독 행사_{정해진 인원수 이상의 단체객에 대한 단독 가이드, 단독차량 제}
_{공으로 다른 일행과 함께하지 않고 여행을 즐기는 것}으로 진행합니다."

예 아프리카 여행상품의 경우,
온라인상의 여행객과 마찬가지로 50대 후반에서 60대가 주요
고객이다. 홈쇼핑의 주 고객층인 30대에서 40대 위주로 감성
멘트를 준비하면 부족하다.

　　"한 대학교수 연구팀이 발표한 기대수명 보셨어요? 의학
이 빠르게 발전하면서 기대수명은 훨씬 빠르게 늘고 있다죠.
71년생 돼지띠 남성은 94세, 여성은 96세랍니다. 60대 고객
님! 저희 부모님도 60대시거든요. 인생의 꽃 청춘 시대입니다.
인생은 지금부터! 오늘은 인생의 가장 젊은 날 아프리카로 떠
나보실까요?"

04 FUN, 느낌표를 남겨라!

소개하는 여행국가의 언어, 문화, 기후, 비행시간, 관광지에 대한 서적과 인터넷조사는 기본 준비일 뿐이다. 나만의 색깔과 전략으로 설득하려면 고객에게 느낌표를 남겨라.

TV 홈쇼핑에서 방송하는 여행상품 장르는 다큐멘터리가 아니다. 시청자들은 1일차에 가는 관광지가 어디인지, 2일차에는 어떤 곳을 둘러보는지 읽어주기만을 기다리고 있지 않다. 떠나고 싶게 만들려면 먼저 채널에 머무르게 만들어야 한다. 60분을 방송하면서 듣는 이가 처음 접하는 새롭고 흥미로운 이야기들이 적재적소에 필요하다.

예 "형제의 나라 터키를 여행하면서 세계 3대 미식 중 하나인 터키 케밥을 맛볼 수 있어요. 항아리케밥과 쉬쉬케밥이 메뉴에 포함되어 있는데 맛있게 배불리 먹고 나면 터키 레스토랑에서 점원이 바로 식탁 위를 치워줍니다. 아무리 '빨리빨리'에 익숙한 우리나라 고객님도 눈치를 보게 되는 순간이죠. '얼른 나가야 하나?' 아닙니다. 친절한 터키문화예요. 깨끗한 식탁에서 편안히 이야기하라는 배려의 문화이니 당황하지 마시고 즐

기세요."

예 "제가 여행을 갔을 때 가이드분이 이런 이야기를 해주셨어요. 베트남에서 조상을 모시는 제사상에 우리나라 음식이 올라간다고요. 글쎄 도통 감이 안 오더라고요. 정답은? 우리나라 대표 초코과자였어요. 왜 베트남의 제사상에 우리나라 초코과자가 올라갈까? 궁금해졌어요. 이곳에는 제사상에 맛있는 음식을 올리는 문화가 있어서라고 해요. 해외여행 중에 알게 되는 더 많은 이야기, 궁금하지 않으세요? 천년의 수도 하노이에는 곳곳마다 재밌는 이야기가 숨어있어요."

05 온리 원으로 넘버원을 노려라!

연간 해외여행객 수 2,400만 시대. 금요일 밤 채널을 돌려보면 대부분의 홈쇼핑에서 여행상품을 방송한다. 그런데 왜 지금 NS홈쇼핑에서 선택을 해야 할까? 물론 NS홈쇼핑에서 준비한 혜택, 지금 결정했을 때의 특전을 강조하는 것도 방법이다. 하지만 한 가지 더.

내 생애 가장 특별한 여행을 기대하는 고객에게 차별화된 '신뢰'를 전해야 한다. 여행 방송을 포함한 TV 홈쇼핑에는 방송 심의라는 제재가 있다. 내 마음껏 과장할 수도 없고 포장할 수도 없다. 신뢰가 답이다. 여행상품의 단점을 숨기지 말자.

예 "일본으로의 여행길. 마치 크루즈 여행을 하듯 배를 타고 출발하는 여행길에서 두 끼의 식사를 해야 하는데요. 한 끼는 불포함이랍니다. 부산에서 드시고 싶었던 음식을 미리 구입해서 배에 올라보세요. 며칠 전 TV에 소개된 씨앗호떡, 냉채족발도 좋겠죠? 음식 반입이 가능하기 때문에 창문 밖으로 바다 풍경을 하염없이 내다보며 맛있는 음식도 즐기면서 출발해보세요"

다섯 가지 키워드를 모두 배운 여러분!
여러분은 이제 여행상품 기술서를 보고
상품을 설명하는 PT를 만들 수 있어요.
우선, 여행상품 정보를 확인해볼까요?

상품 정보

여러분이 방송할 상품은 일본 나고야로 2박 3일간 떠나는 패
키지 여행상품이에요.

여행상품 기술서

여행지	일본 나고야 2박 3일 패키지
출발 정보	날짜: 2018년 9월 14일~12월 31일 이용 항공: 아시아나 국적기 항공 시간: 08:15~10:05 (인천공항 ···› 나고야공항) 　　　　　 18:50~20:50 (나고야공항 ···› 인천공항)
출발 가격	성인/아동 799,000원
특장점 및 혜택	노 쇼핑, 노 옵션 NS홈쇼핑 출발자 특전: 료칸식 호텔 호다카에서 히다규 가이세키 요리 포함
호텔 정보	1일차: 루트인 나고야 호텔 (번화가 도시 위치) 2일차: 호다카 료칸 호텔 (온천호텔)
여행 일정	**[1일차]** (조식: 기내식 / 중식: 현지식 / 석식: 자유식) – 일본을 대표하는 도자기 산지, 도코나메마을 – 일본 3대 관음 중 하나인 오스관음 – 나고야 최대 번화가, 사카에마치 (자유 석식: 천 엔 제공) **[2일차]** (조식: 호텔식 / 중식: 현지식 / 석식: 호텔식) – 다카야마 옛 거리, 전통모습을 간직한 중심지 – 가미코지, 히다산맥 해발 1,500m 고지에 위치 – 일본의 폭포 100선에도 뽑힌 히라유대폭포 **[3일차]** (조식: 호텔식 / 중식: 현지식 / 석식: 기내식) – 일본 최초의 2층 로프웨이, 신호다카 로프웨이 – 3대 성 중 하나인 나고야성

방송 시간

생방송 시간은 9월 첫째 주 주말, 토요일 저녁 23:00예요.

당장 여행 계획은 없지만 편안히 누워서 TV를 시청하는 고객을 어떻게 설득하면 좋을까 생각해보세요. 정답은 없어요. 많이 알려져 있지 않은 여행지 일본 나고야를 어떻게 소개하면 좋을지 고민이 끝났다면 이제 앞에서 배운 설득의 기술을 이용해 상품 설명 PT를 구성해볼까요?

아직도 어려운가요? 여행 방송 첫 설명을 구성하는 기본적인 틀도 알려드릴게요. 참고해보세요.

서론	오프닝	본인 소개와 오늘의 여행지를 제시하는 첫인사
본론	니즈	여행지 필요성에 대한 감성 소구
	상품 정보	항공, 호텔, 식사, 관광지에 대한 이야기
결론	가격, 혜택	상품의 차별성과 특전 그리고 신뢰

일본 나고야 2박 3일 패키지 PT

🎁 **오프닝**

'여행은 젊어지는 샘이다' 안데르센이 이야기했는데요. 지금부터 젊어질 수 있는 멋진 인생 여행을 소개해드리겠습니다. 안녕하세요? 쇼핑호스트 민주홍입니다.

일본, 어디까지 가보셨나요? 오.쿠.히.다.
이름만 들어보셨어도! 일본여행의 마니아.
이미 다녀오셨다면? 진정한 일본 여행의 고수.
진정한 일본 여행 고수들이 알음알음 찾아가는 그곳.
숨겨놓은 비경 오쿠히다 여행지를 선보여 드립니다.

🎁 **니즈**

계절이 옷을 갈아입으면서 가을 향기가 코끝을 스치는 요즘, 바로 9월부터 출발하는 일정입니다. 반복되는 일상이 지루하고 답답하다면 네모난 빌딩 숲, 네모난 책상, 네모난 서류들을 뒤로한 채 가을바람을 타고 떠나볼까요? 여행 가는 생각만 해도 미소가 차오르신다고요? 모녀여행, 가족여행, 친구와의 여행, 누구와 함께해도 좋은 오쿠히다. 9월 14일부터 12월 31일까지 여행 기간은 넉넉히 준비되어 있습니다.

🎁 상품정보

마음까지 투명해질 수 있는 일본의 숨은 비경지를 찾아 떠나는 관광, 이번에는 화면과 함께 보시죠. 일본의 요세미티라고 불릴 정도의 멋진 경관을 가진 가미코지는 신이 놀던 곳이라 할 만큼 아름다운 곳인데요. 해발 1,500m 고지에 위치한 곳으로 개인 자동차는 못 들어가죠. 왜일까요? 자연보호를 위해서라는데요. 그래서 어느 곳에서 사진을 찍어도 자동차 하나 보이지 않는 아름다운 자연이 눈에 들어오죠. 자작나무와 에메랄드빛 호수가 펼쳐진 눈 시린 절경 앞에서 잠시 산책하며 쉬어가시죠.

일본의 폭포 100선에도 뽑힌 히라유대폭포는 흰 원숭이의 전설이 내려오는 곳으로, 폭 6m, 낙차 64m의 웅장함을 보실 수 있어요. 그리고 미슐랭 가이드에서 별 세 개, 최고점을 받은 다카야마 옛 거리. 최근 TV 예능프로그램을 통해 한 연예인이 이곳에서 히다규 스시와 만두를 맛있게 즐기는 모습이 방영되었죠. 전통적인 상가 모습을 그대로 간직해 가족이 함께 떠난 다면 아이들에게도 기억에 남을 곳입니다.

아름다운 경관과 어우러지는 맛있는 식사, 식도락 여행을 약속하지만 첫째 날 저녁식사 한 끼는 포함되어 있지 않아요. 사카에마치 번화가에 도착하면 천 엔을 현금으로 드릴게요. 함께 여행 온 일행끼리 자유식을 드셔보세요. 나는 일본어를 못하는데 어쩌나 하는 걱정은 넣어두시죠. 메뉴판에 음식의 사진이 있는 곳도 많으니까요. 오히려 일본 속으로 직접 들어가 본다는 것에 요즘 반응이 좋더라고요.

편안히 국적기로 떠나는 2박 3일. 호텔도 궁금하시죠? 첫째 날과 둘째 날의 호텔이 다릅니다. 바로 이점이 이번 여행의 묘미죠. 첫째 날은 도시의 화려함을 만끽할 수 있는 나고야 호텔, 둘째 날은 온천마을의 고즈넉한 풍경을 즐길 수 있는 료칸식 호다카 호텔입니다. 편안한 호텔에서 잊지 못할 여행의 마무리, 쉼을 선사합니다.

🎁 가격, 혜택

한번 다녀오면 끝이 아닌 곳, 자꾸 눈에 밟혀 이끌리듯 또다시 가고 싶은 곳 오쿠히다. 호텔과 온천 그리고 맛있는 식사가 있는 나고야 여행, 가격 궁금하시죠? 성인과 아동 모두 799,000원입니다. 보통의 일본 여행보다 비싼 게 아닌가 하고 생각할 수 있겠지만, 흔하게 알려져 있지 않은 가미코지가 보여주는 신비로운 절경은 1년 내내 볼 수 있는 것이 아니에요. 1월에서 3월까지는 눈이 많이 내려서 입산금지거든요. 그만큼 가치가 있는 일본 나고야 여행.

가족과 함께 따뜻한 이야기꽃을 피우는 시간 어떨까요? 소중한 사람들과의 소중한 시간 속 인생 여행. 일본 나고야 여행입니다.

쇼핑호스트
업무 엿보기

안녕하세요? 민주홍 쇼핑호스트예요. 저와 함께 오늘 하루를 보내다 보면 쇼핑호스트가 하는 일이 무엇인지 조금은 감이 잡힐 거예요. 스케줄을 보니 오늘 오전에는 사전 제작회의와 알로에 생방송 한 건이 잡혀있고, 오후에는 끌레드벨 신상품 설명회에 참석해야 하네요. 생방송이 진행되는 스튜디오도 구경하고, 홈쇼핑 회사는 과연 어떤 곳인지 함께 둘러봐요. 신상품 설명회장도 살짝 보여드릴게요.

08:00

방송국으로
출근해요.

09:30

오늘의 첫 번째 스케줄은 다음 주에 방송하는 여행상품의 사
전 제작회의예요. 사전 제작회의 장소는 본관의 1층이에요. 여
기가 바로 저희 회사의 본관이죠. PD와 MD, 협력사 직원 그
리고 쇼핑호스트가 모여 회의를 해요.

10:30

사전 제작회의가 모두 끝났어요. 이제 생방송 준비를 하러 가 볼까요? 먼저 분장을 하고 의상을 입어요. 여기가 바로 분장 실과 코디실이에요.

11:30

생방송 한 시간 전! 생방송을 진행하는 모든 스텝이 모여 사전 미팅을 해요. PD와 쇼핑호스트는 물론 기술감독과 조명 담당, DP 등 모든 스텝이 한자리에 모이죠. 그리고 이때 마이크와 이어피스를 착용하는데, 이어피스는 생방송 중 PD와 저를 이어주는 의사소통 수단이에요.

12:00

여기가 바로 생방송을 준비하는 스튜디오 모습이에요. 많이 분주하죠? 이제 방송 전 최종 리허설을 해요.

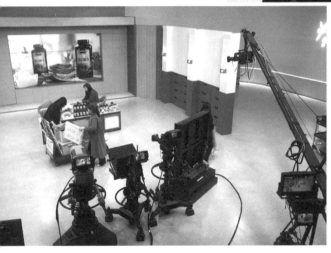

제가 있는 곳에서는 생방송을 촬영하는 4대의 카메라와 3대의 TV, 실시간 주문 상황을 보여주는 콜 모니터가 보여요. 2대가 붙어있는 TV의 위쪽 화면은 생방송 화면이고, 아래쪽 화면은 다음에 나갈 화면이에요. 오른쪽 TV 역시 생방송 중인 화면이고요. TV 아래 ON-AIR 표시등에 불이 들어오면 마이크가 켜져요.

제가 앉아있는 설명석 테이블 위에는 간단한 서류와 핸들링할 상품, 그리고 개인 조명도 있죠.

12:30

드디어 생방송 시작! 오늘 방송하는 상품은 건강식품인 알로에예요. 서구화된 식습관으로 인해 우리의 몸은 산성으로 기울게 되는데요. 산성이 된 체질을 개선하는데 도움이 되는 알칼리성 식품인 알로에를 판매할 예정이에요.

13:30

생방송이 모두 끝나면 사후 미팅 시간을 가져요. 오늘 방송에 대해 이야기를 나누는 사후 미팅도 매우 중요한 과정이죠. 사후 미팅 장소는 본관의 2층 쇼핑호스트 대기실이에요.

14:00

벌써 2시가 다 되어 가네요. 이제 점심을 먹으러 가요.

15:00

신상품 설명회장으로 이동해요.

16:00

오늘은 2018년 여름에 출시된 끌레드벨 신상품 설명회가 있는 날이에요. 끌레드벨 쿠션은 이 상품의 모델인 고소영 배우가 직접 사용하는 제품으로 알려지면서 출시 전부터 소비자들의 관심이 뜨겁다고 하네요. 여러분에게 먼저 공개해드릴게요.

부드럽게 발리는지, 발색은 어떤지, 커버력은 어느 정도인지
알기 위해 직접 발라봐요.

18:00

신상품 설명회를 끝으로 오늘 스케줄은 마무리되었어요. 이제
집으로 퇴근해요!

홈쇼핑의
31가지 비밀

편 대본이 있나요?

민 대본은 따로 없어요.

편 매진 임박은 사실인가요?

민 네. 여전히 많이들 물어보시는데 매진 임박은 진짜예요.

편 생방송은 몇 시까지 하나요?

민 오전 6시부터 새벽 2시까지 해요.

편 대략적인 업무시간은 어느 정도인가요?

민 어떤 날은 하루에 한 시간만 일하는 날도 있어요. 미팅 한 건만 잡혀있어서 그것만 끝나면 퇴근하죠. 또 어떤 날은 방송 스케줄이 꽉 차있어서 하루에 17시간을 일한 적도 있고요. 그런 식으로 스케줄에 따라 근무시간이 유동적이라 대략적인 평균 업무시간을 말하기는 어려워요.

편 판매할 상품을 고르는 본인만의 기준이 있나요?

민 판매할 상품을 고르는 일은 쇼핑호스트가 하지 않고 회사에서 해요.

편 방송 후 실제로 구매했던 상품도 있나요?

민 그럼요. 저희 집에 있는 대부분의 물건은 홈쇼핑에서 구매했는데 그렇게 구입한 살림이 정말 많아요. 이사할 때 이삿짐 업체 분들이 보시고 이 집에 정말 둘이 사는 게 맞느냐고 물어보실 정도였죠. 화장품이나 식품부터 렌털하는 정수기, 상조까지 많은 상품을 홈쇼핑으로 구입했거든요.

편 매진이 되거나 목표 매출액을 달성하면 인센티브를 받을 수 있나요?

민 따로 인센티브를 받지는 않아요. 단 그 달의 목표에 달성한 경우 아주 약간의 페이를 받죠.

편 모든 상품을 실제로 사용해보고 판매하나요?

민 네. 사용이 가능한 상품은 모두 미리 받아서 사용해봐요. 안마의자처럼 설치가 필요하고 고가인 경우에는 협력사에서 회사 쇼핑호스트 리허설룸에 설치를 해주기 때문에 론칭 방송 때까지 사용해볼 수 있어요.

편 함께 방송하는 연예인이나 방송인들은 어떤 기준으로 섭외하나요?

민 이미 상품의 모델로 정해져 있는 경우도 있고, 상품 론칭 준비를 하면서 쇼핑호스트에게 의견을 물어보는 경우도 있어요. 저희에게 물어보는 것은 아이디어를 얻기 위한 것일 뿐 저희가 섭외에 영향력을 가지고 있지는 않고요.

편 매번 고정적으로 나와서 자신의 이름을 걸고 방송을 하는 연예인들은 쇼핑호스트인가요?

민 롯데홈쇼핑의 최유라 쇼나 CJ오쇼핑의 최화정 쇼 등을 본 분들이 있을 거예요. 그분들은 쇼핑호스트가 아니라 상품을 설명하고 판매하는 쇼핑호스트 역할을 한다고 볼 수 있어요. 저희처럼 회사 소속이 아니라 자신의 프로그램만 진행하고요.

편 무대에서 음식을 먹거나 운동기구 등을 시연하는 사람들은 연기자인가요?

민 그분들은 홈쇼핑 모델이에요.

홈쇼핑 모델이 따로 있나요?

네. 패션모델, 식품모델 등이 다 있고 방청객도 따로 있어요.

모든 방송에 방청객이 있는 건 아니죠?

네. 필요한 경우 사전 제작회의에서 의견을 모아 요청해요. 상품의 특성에 따라 방청객과 함께 호흡하며 좀 더 신나는 방향으로 가면 좋겠다고 생각할 때 요청하죠.

그럼 방청객은 일반인인 거예요?

네. 일반인 분들에게 비용을 드리고 방청객으로 모시고 있어요.

반품률도 직접 확인하나요?

네. 반품률과 반품 사유를 확인하는 것이 다음 방송에 큰 도움이 되니까요. 예를 들어 반품률이 높은 상품의 사유를 확인해보니 고객들이 용기를 개봉하는데 어려움을 겪어서라고 한다면 다음 방송에서는 용기 개봉 방법까지 상세히 알려드리는 거죠. 그러면 확실히 반품이 줄어요.

편 반품률이 많은 상품이 따로 있나요?

민 TV 홈쇼핑은 구매했다 반품해도 택배비가 들지 않고 방법이 쉬워서 반품하는 경우가 종종 있어요. 그렇지만 반품률이 카테고리별로 어떤 것은 많고, 어떤 것은 적다고 말할 수는 없어요. 카테고리보다는 시즌별로 상품별로 각각 다르니까요.

편 주 고객층은 여성인가요?

민 네. TV 홈쇼핑의 주요 고객은 여성이에요. 공인중개사 수강권이나 렌터카, 타이어 등의 상품을 판매하면 남성 고객의 비중이 다소 많아지긴 하지만 그래도 여성 고객이 훨씬 많아요.

편 고객층의 연령대는 어떤가요?

민 상품을 구매하는 고객층은 20대부터 90대까지 매우 다채로워요. 건강기능식품을 방송할 때였는데 90대 고객 두 분이 사셨다는 얘기를 PD에게 듣고 방송에서 그 멘트를 한 적도 있어요. 상품을 구매하는 연령층은 매우 다양하지만 그 상품을 필요로 하는 연령층은 어느 정도 정해져 있어요. 예를 들어 아이들 교육을 위한 책을 판매한다면 아이의 부모인 40대가, 갱년기 상품을 판매한다면 아무래도 50대나 60대가 높은 비율을 차지하겠죠.

편 사은품은 협력사에서 구매하나요? 홈쇼핑회사에서 구매하나요?

민 사은품은 홈쇼핑 회사와 협력사가 반반씩 부담하는 것으로 알고 있어요. 최근에는 사은품이 많이 사라지고, 본구성과 특별구성품으로 나눠 방송하는 추세예요. 특별구성품은 고객이 결제하는 가격에 포함되는데 어떤 상품인가에 따라 고객의 반응이 달라져요. 예를 들어 동일한 볼륨스프레이 상품을 판매한다고 했을 때 특별구성품이 드라이기일 때와 각질제거기일 때 효율이 굉장히 달라지죠. 사은품보다는 특별구성품의 종류가 구매 요인에 더 큰 영향을 미친다고 판단해서 MD도 이 부분을 중요하게 생각하고 있어요.

편 앞으로는 어떤 상품까지 홈쇼핑에서 판매할 거라고 생각하세요?

민 제가 지금부터 퀴즈를 하나 낼게요. 맞춰보세요. 다음 중 TV 홈쇼핑에서 판매할 수 있는 것은 무엇일까요? 1번 젖병, 2번 주류, 3번 맞선 소개업, 4번 맥주 디스펜서예요.

편. 맥주 디스펜서 아닌가요?

민. 맞아요. 어떻게 아셨어요? 문제를 바꿀걸 그랬네요. 먼저 우리나라는 모유 수유를 권장하는 나라라 홈쇼핑에서 젖병을 팔지 못하게 되어있어요. 엄마들이 젖병을 세트로 많이씩 사면 모유 수유를 일찍 끊을까봐 그렇게 정한 것 같아요. 주류의 경우 많이들 아시는 것처럼 나이 제한이 있기 때문에 홈쇼핑 판매가 불가하고요. 맞선 소개업과 같이 사람을 소개하는 일도 할 수 없어요. 상품이라는 건 규격화되어 있어야 하는데 사람은 그렇지가 않잖아요. 맥주 디스펜서도 안 될 거라 생각했는데 작년에 방송을 했더라고요. 직접 술을 판매하는 건 아니니까 가능했겠죠? 위 상품들처럼 제한이 있는 경우가 아니라면 어떤 상품이든 홈쇼핑 판매가 가능할 것 같아요.

편. 맥주 디스펜서처럼 이색적인 상품에는 또 어떤 게 있나요?

민. 홈쇼핑에서는 아이돌 사인 CD도 판매하고 있어요. 요즘 아이돌 시장이 어마어마한 규모로 성장 중이잖아요. 신규 아이돌의 경우 수많은 아이돌 중에서 자신들의 이름을 알리는 게 중요하기 때문에 방송 비용을 내고 한 시간을 사는 거죠.

그 시간 동안 노래하고 인터뷰를 하며 본인들을 알리는데, 큰 규모의 수익을 바라는 게 아니라 홍보를 위해 하는 거예요.

편 공연 티켓을 판매하는 방송도 본 적이 있어요.

민 네. 홈쇼핑에서는 뮤지컬 티켓도 팔고 있어요. 역시 홍보를 하기 위한 목적이죠. 이처럼 수익을 목적으로 하지 않고 홍보를 위해 홈쇼핑을 이용하는 경우가 종종 있어요. 신규 론칭하는 브랜드의 경우 실적이 마이너스가 되더라도 홍보 효과가 크다고 생각해서 홈쇼핑에 나오고 있죠. 공중파 광고에 15초 등장하는 것보다 한 시간 동안 자신들의 상품을 소개하는 것이 시청자들에게 노출될 확률이 더 높으니까요.

편 상품마다 매출 목표가 있나요?

민 네. 상품마다 목표가 있고, 방송이 끝나면 총 몇 세트 판매했으며, 목표 대비 몇 % 판매했다고 말해요.

편 홈쇼핑도 시청률을 중요하게 생각하나요?

민 네. 요즘에는 시청률 집계가 실시간으로 이루어지니 언제든 시청률을 확인할 수 있죠. 시청률이 좀 떨어지면 새로운 연출 방안을 모색한다든지 차별화된 전략을 짜기 위해 회의에 들어가기도 해요.

편 의류를 보면 사이즈 별로 매진되는 속도가 다르던데 사이즈 별로 준비 수량이 다른가요?

민 네, 맞아요. 예를 들어 평균적으로 많이 나가는 사이즈가 66이라면 일단 66 사이즈를 가장 많이 준비하죠. 패션이나 침구, 커튼은 방송 전 미팅에서 준비되어 있는 수량을 꼭 확인해요. 만약 침구를 판매하는 경우 파란색이 가장 잘 나가는 상품인데 준비된 수량이 적다면 파란색 침구를 메인으로 놓지 않아요.

편 러닝머신이나 자전거 같은 운동기구를 판매할 때 실제로 운동기구를 사용하는 건가요? 어떻게 저렇게 운동하면서 멘트까지 하는지 궁금할 때가 많아요.

민 맞아요. 한 시간 내내 운동을 하는 것은 아니지만 실제로 오랜 시간 운동을 하며 멘트도 하기 때문에 레포츠 방송이 가장 체력 소모가 많아요. 아이를 낳고는 그런 방송을 하지 않았지만 결혼 전에는 종종 레포츠 방송을 진행했는데 너무 힘들었어요. 끝나고 나면 다음날 알이 배기고 근육통이 오곤 했죠. 그렇지만 쇼핑호스트가 직접 운동기구를 사용해가며 멘트를 하는 게 효과는 좋다고 생각해요. 저희가 잠깐 운동을 했는데도 땀을 흘리는 모습을 보시곤 효과가 좋은 것 같다고 생각하셔서 구매로 연결되기도 하거든요.

편 한 시간 내내 타는 것은 아니네요.

민 중간에 상품 설명 화면이 나갈 때는 타지 않아요. 그렇지만 화면이 나가는 중에도 생방송 스튜디오를 비출 때가 있는데, 그럼 또 잠깐 타야 하죠.

편 식품 방송을 할 때는 카메라가 비추지 않으면 먹지 않겠죠?

민 상품 설명이 끝나고 쇼핑호스트의 얼굴이 나오지 않을 때는 쇼핑호스트의 목소리만 들리시죠? 이 부분을 콜투액션^{CTA.} _{Call To Action}이라고 부르는데요. 이때 입안에 음식물이 있으면 발음이 무너지고 전달력이 약해지기 때문에 아무것도 먹지 않아요. 식품 방송을 할 때 너무 과장되지도 않으면서 참 맛깔나게 먹기로 유명한 동료에게 노하우를 물어본 적이 있는데 답변이 단순하더라고요. 식품 방송이 있는 날에는 방송 직전까지 배고픈 상태를 유지한 후 생방송에 들어간다는 것이었죠. 프로답지 않나요?

편 방송 중간중간에 경품 추첨도 하잖아요. 실제로 추첨을 해서 경품을 주는 건가요?

민 네. 실제 무작위로 추첨을 해서 선정된 분들에게 경품을 나눠드리고 있어요. PD나 협력사 직원 누구도 관여할 수 없는 부분이죠.

편 실제로 주변에 당첨된 분들이 있나요?

민 한 번은 사전 제작회의를 하는데 PD가 자신의 일화를 얘기해주더라고요. 타사 홈쇼핑을 보면서 아내가 연락처를 남기더래요. 그런데 잠시 후 본인의 전화번호 끝자리와 이름이 발표되는 바람에 정말 놀랐다고 해요. 설마 하는 마음으로 신청했다가 현금 당첨이 되었다는데, 그것으로 무엇을 하셨을지 궁금하네요.^^

쇼핑호스트가
알려주는 똑똑한
쇼핑 팁

챙기자, 남기자, 꺼내자, 고르자, 쇼핑하자!

적립금을
챙기자!

모바일로 신청 시, 결제금액의 10%를 적립금으로 돌려주는 프로모션이 많다. 꼭 돌려받자.

상품평을
남기자!

상품평 방송 조건이 있었다면 주저 없이 남기자. 간단히 한 줄만 남겨도 추가로 약속된 구성이 더 배송된다.

해당 카드를
꺼내자!

방송 프로모션으로 특정 카드 이용 시 5% 청구할인 행사를 하기도 한다.

특집전을
고르자!

매 방송이 특집 같지만, 더 특별한
조건은 따로 있다. 오늘 단 하루, 1년
중 단 하루와 같은 표현은 진실이다.
다른 방송 때보다 더 싸게 혹은 더 많은
구성으로 쇼핑할 수 있다.

모바일로
쇼핑하자!

모바일 구매 시, 첫 구매 쿠폰, 즉시 할인쿠폰, 기간 한정 쿠폰
등 다양한 할인 혜택을 누릴 수 있다.

쇼핑호스트
민주홍 스토리

S T O R Y ♡

편 어린 시절에 대한 이야기도 궁금해요. 부모님은 어떤 분이셨는지, 어린 시절 환경은 어땠는지 알려주세요.

민 아버지는 공무원이셨고 어머니는 가정주부셨어요. 남동생이 한 명 있고요. 재벌도 아니고 가난하지도 않은 정말 평범한 가정에서 자랐죠. 아버지가 일을 하지 않으시는 주말에는 가족끼리 가까운 냇가로 나가 시간을 보내기도 했어요.

편 어린 시절 특별히 기억에 남는 일이 있었나요?

민 어렸을 때는 굉장히 평범하게 자라서 특별한 사건을 겪은 적은 없어요. 그렇지만 그때를 떠올리면 당시 살았던 집이 가장 많이 생각나요. 작았지만 한강이 한눈에 펼쳐지는 집이었죠. 공부하다 쉴 때는 창밖으로 한강을 바라봤어요. 낮에는 유람선이 지나다니는 한가로운 풍경을, 밤에는 강 건너편의 야경을 볼 수 있었죠. 가끔 불꽃놀이를 하는 멋진 광경도 만났고요. 창문을 활짝 열면 나무냄새, 풀냄새가 났어요. 사육신묘라는 공원이 근처에 있었거든요. 그래서인지 그 집을 생각하면 아직도 기분 좋은 풀냄새가 나는 것 같아요.

편 어떤 학생이었나요?

민 사람들 앞에 나와 말하고 발표하는 걸 좋아했어요. 제가 발표하고 싶은데 저를 안 시킬까 봐 조바심이 날 정도로요. 어떤 친구들은 남 앞에 서거나 발표하는 게 두려워서 눈을 피하곤 했는데 말이에요.

편 학급에서 반장 같은 역할도 했나요?

민 네. 초등학교 2학년 때부터 6학년 때까지 계속 반장을 했어요. 6학년 때는 전교 회장도 했고요. 그리고 학교마다 소년동아일보 기자단이 2명씩 있었는데 5~6학년 때는 기자단으로 활동했죠. 아마 기자로 활동하셨던 이모의 영향인 것 같아요. 소년동아일보는 동아일보사에서 발행하는 어린이 일간 신문이에요. 각 학교의 뉴스나 학습과 관련된 내용들이 들어간 신문인데 큰 사건을 다루었던 건 아니고 어떤 초등학교의 화단이 잘 가꾸어져 있더라 하는 소소한 뉴스를 다뤘죠.

편 중학교 시절은 어떻게 보냈나요?

민 그때는 아침이면 학교에 가서 공부를 하고, 수업이 다 끝나면 도서관에 가서 또 공부를 했어요. 도서관에서 공부를 하고 있으면 어머니가 도시락을 싸오셨는데 그럼 저녁을 먹고 또 공부했죠. 제가 여자중학교를 다녔는데요. 이성에 눈뜰 기회가 없어서 공부만 한 것 같아요.

🔲 공부를 잘 했겠어요.

🔲 중학교 때는 세상이 학교와 도서관으로만 한정되어 있어서 공부밖에 몰랐고 덕분에 전교 2등까지 했어요. 저희 반에 전교 10등 안에 드는 친구가 4명이나 있었는데, 그 4명이 다 친하게 지냈어요. 같이 다니면서 공부를 했던 것이 서로 경쟁이 되면서 상승효과를 낸 것 같아요.

🔲 특별히 좋아했던 과목이 있었나요?

🔲 특별히 좋아했던 과목은 없었어요. 그렇지만 국어나 문학 수업이 좀 어렵게 느껴졌던 수학이나 과학 수업보다는 더 좋았죠.

🔲 방송반은 초등학교 때부터 하셨어요?

🔲 네. 초등학교 때부터 방송반 활동을 했는데, 중학교 때는 공부만 했어요. 중학교에서 방송반 활동을 하려면 아침에 등

교도 방송반으로 해야 하고, 수업이 끝나고도 방송반으로 가야 했거든요. 점심에도 방송을 해야 했고요. 너무 많은 시간을 특별활동에 할애하는 것 같아 하지 않았는데, 점심시간에 밥을 먹으면서 방송을 듣다 보면 부럽더라고요. 그래서 고등학교에 가면 다시 방송반에 들어가고 싶다는 생각을 했고, 고등학교에 입학해서는 3년 내내 방송반 활동을 했죠.

편 고등학교 시절 가장 기억나는 일은 무엇인가요?

민 고등학교 때는 공부보다 방송반 활동을 더 열심히 했어요. 방송반은 기강이 센 곳이었어요. 마치 군대처럼 규율도 있었죠. 예를 들어 3학년 선배들과 눈을 마주치면 안 되는 규율도 있어서 항상 목까지만 바라봤죠. 학교를 졸업한 대선배를 대하는 것은 더 어려웠고요. 그런 선배들에게 사회 볼 때의 톤도 배우고 디제잉도 배웠어요. 그리고 학교 축제에서 연극제를 하듯이 방송제라는 걸 했는데, 거기서 할 연기와 뉴스, 콩트 등을 다함께 만들며 연습했죠. 저희 학교가 꽤 잘하는 학교로 인정받아 대외활동도 많이 했고, 방송반 단체로 수상을 하기도 했어요. 대한민국의 고등학생이라면 하루 중 깨어있는 시간의 대부분을 공부하며 보내도 시간이 모자란데 방송반 활동을 그렇게나 열심히 했으니 학창시절 하면 방송반 활동과 방송제, 대외활동을 했던 일이 가장 많이 생각나네요.

편 방송제가 구체적으로 어떤 행사인가요?

민 요즘은 주로 주제를 선정한 후 거기에 맞는 뮤직비디오를 만들거나 광고 혹은 다큐멘터리를 제작해 발표하더라고요. 저희 때는 학생들이 직접 뉴스를 진행하거나 콩트 등을 만들어 연기하고 그동안의 활동도 발표했어요. 당시 동덕여자대학교에서 방송 경연대회를 했는데 고등학생부에 나가 상을 받았었죠. 서울대공원에서 했던 중, 고등학교 MC 대회에도 나간 적이 있고요. 그때 난생처음 드레스를 입고 설레었던 게 아직도 생생하네요.

편 학창시절에 다양한 경험을 하셨네요.

민 방송과 관련된 활동을 주로 했지만 서울시에서 하는 토론대회에도 종종 나갔어요. 어떤 주제에 대해 찬성과 반대 입장을 나누고 무대에 올라 토론을 하며 승자를 가리는 대회에 나간 적도 있고, 다른 방식의 토론대회에 나가기도 했죠. 아무래도 교내보다는 교외의 수상 경력이 대학 입시에 더 큰 영향을 줄 거라 생각해 그런 대회에 나가게 되었어요.

편 어렸을 때 꿈은 뭐였나요?

민 초등학교 때 장래희망을 적어서 내라고 하면 항상 아나운서라고 적었어요. 그때는 남들 앞에 서서 말하는 직업은 아나운서와 기자만 있는 줄 알았거든요. 자라면서 꿈에 대해 구체적인 그림을 그려봤어요. 마이크를 잡고 사람들 앞에서 내 이야기를 할 수 있는 일, 9시에 출근해서 6시에 퇴근하는 직장이 아니라 자유로운 출퇴근 시간을 가진 직장, 좀 더 진취적이고 주도력을 가질 수 있는 직종을 찾다가 결국 쇼핑호스트라는 꿈을 꾸게 되었죠.

편 꿈꾸던 걸 이루셨네요.

민 네. 그래서 저는 행운아라고 생각해요. 스물세 살에 시작해서 지금까지 인생의 3분의 1을 이 일을 하면서 보내고 있는데, 그 일이 제가 꿈꿔왔던 일이니 얼마나 큰 행운이에요. 할 수 있는 일, 해야 하는 일, 하고 싶은 일이 같아서 늘 감사하게 생각해요.

편 대학 시절은 어떠셨어요?

민 저는 꿈이 명확했기 때문에 대학을 다니면서도 쇼핑호스트가 되는 것에 도움이 되는 일들을 하고 싶었어요. 그래서 대학에 들어가서도 방송반 활동을 열심히 하며 선배들과 돈독한 관계를 쌓아갔죠. 앞에서 리포터 활동도 했다고 했잖아요. 그 리포터 일자리 중 몇 개는 방송반 선배님들이 소개해줬어요. 방송과 관련된 시험을 권유해주기도 했고요.

편 어렸을 때부터 목표가 명확했기에 그만큼 빨리 꿈을 이룬 것 같아요.

민 일찍이 목표를 세우고 그 일만을 바라보며 노력하기도 했지만 운도 좋았다고 생각해요. 입사해서 처음으로 사장님과 식사를 했는데 사장님께서 그러시는 거예요. 다른 친구들은 아카데미에서 교육을 받아서 PT를 해도 어느 정도 전문가처럼 보이는데, 민주홍 너는 정말 아무 것도 모르는 것 같아서 뽑으셨다고요. 하얀 도화지를 보는 것 같아 어떤 그림이든 그릴 수 있다고 생각하신 것 같아요. 그런 사장님을 만났으니 운이 좋았죠.

▣ 진로를 선택하는데 도움을 주신 분이 있나요?

민 이모가 KBS 기자였어요. 초등학교 때부터 이모를 따라 방송국에 자주 놀러 가서 실제로 방송하는 모습을 보곤 했죠. 방송을 지켜보는 게 정말 재미있었어요. 제가 좋아하니까 이모는 출입이 가능한 곳이면 다 데리고 가셨고 그런 경험들을 통해 자연스럽게 방송에 익숙해졌죠. 그러다 그 안에서 마이크를 잡고 이야기하는 분들이 정말 멋있어서 그분들처럼 되고 싶다는 생각이 들었어요. 마침 다니던 초등학교에 방송반이 생기면서 방송반 활동을 하게 되었죠. 마이크를 잡고 친구들 앞에 서서 발표를 하거나 말을 하는 것에 즐거움을 느꼈고, 나중에 방송과 관련된 일을 하면 잘할 것 같다는 생각이 들었어요. 그렇지만 그때는 명확하게 무엇이 되고 싶다고 생각한 건 아니었고 막연히 아나운서와 같은 방송 관련 직업을 꿈꿨죠. 구체적으로 쇼핑호스트라는 꿈을 꾸고 난 후 그 일을 할 수 있도록 여러 가지 정보도 주고 힘을 준 것은 방송반 선배님들이세요.

▣ 직업관을 형성하는데 도움을 준 책이나 영화가 있을까요?

민 일을 처음 배워갈 때 선배들에게 쇼핑호스트는 캐릭터가 있어야 한다는 충고를 들었어요. 자신만의 색깔이 있어야 한다는 거죠. 나는 어떤 쇼핑호스트가 되면 좋을까 고민하던 중에 영화 〈맘마미아〉를 봤어요. 주인공 소피를 보면서 그녀처럼 긍정적이고 밝은 캐릭터의 쇼핑호스트가 되고 싶다고 생각했죠. 얼굴을 마주보는 것만으로 사랑스러운 캐릭터잖아요? 그렇게 밝은 느낌을 주는 쇼핑호스트가 되어 시청자들이 저를 볼 때마다 기분이 좋아졌으면 했어요.

편 현재의 삶에 만족하시나요?

민 사람들은 저마다의 꿈이 있어요. 그렇지만 모두 그 바람을 이루는 것은 아니죠. 꿈을 이루고 살 수 있는 사람이 몇이나 되겠어요. 그런 사실을 떠올리면 제가 얼마나 행운아인가 싶어요. 그러니 지금 만족스러울 수밖에 없죠.

편 자녀가 쇼핑호스트를 하겠다고 하면 권하실 건가요?

민 제가 그랬듯이 제 아들도 본인이 하고 싶은 게 무엇인지 어떤 일을 할 때 행복한지 스스로 찾기를 원해요. 본인과 잘 어울리고 만족감을 주는 일을 찾았다면 그게 어떤 일이든 응원해주고 싶고요. 지금은 너무 어려서 커서 뭐가 되고 싶으냐는 질문에 키가 쑥쑥 커서 껌을 먹는 사람이 되고 싶대요. 제가 운전할 때 졸리면 껌을 씹는데 그걸 보고 달라고 해도 안 줬더니 그런 얘기를 하네요.^^

편 그밖에 관심을 가지고 활동하는 분야나 최근에 새롭게 도전하는 분야가 있나요?

민 앞서 얘기했듯이 저희는 외부 활동이 가능해요. 그래서 시간이 되면 MC 재능기부 활동을 종종 하죠. 홈쇼핑 방송 스케줄 때문에 여유 시간이 많진 않지만 재능기부라는 취지가 좋아서 참여하고 있어요. 주로 조찬모임이나 기업행사의 MC를 보고요. 한국산업인력공단에서 개최했던 드림워커 미니 콘서트와 대통령 직속 청년위원회에서 개최했던 청춘 순례 토크 콘서트의 MC를 봤던 게 특별히 기억에 남네요.

편 결혼식 사회도 자주 보세요?

민 네. 결혼식 사회도 자주 보는데 제가 잘했는지 하객들이 행사 전문 MC인 줄 알았다는 얘기를 하세요.^^ 저를 불러준 친구들도 잘 진행해줘서 고맙다고 하고요.

편 쇼핑호스트로서 앞으로 어떤 목표를 갖고 계신가요?

민 이 일을 한지도 어느덧 14년이라는 세월이 흘렀네요. 이제 쇼핑호스트로서는 비교적 안정적인 시기라 앞으로의 남은 인생을 어떤 방향으로 끌고 갈지 생각해볼 때가 온 것은 맞아요. 그래서 제가 가진 능력과 그동안의 경험을 바탕으로 어떤 삶을 살 것인지 치열하게 고민 중이죠. 석사과정을 시작할 때는 교육 분야로 박사과정까지 가고 싶다고 생각했지만 지금은 교육 외에도 강연이나 컨설팅, 오디오북 재능기부 등 하고 싶은 일이 너무나 많아요. 아직 명확하고 구체적으로 정해진 것이 없어 계속 숙제로 남아있지만요.

편 마지막으로 쇼핑호스트를 꿈꾸는 청소년들에게 하고 싶은 말이 있나요?

민 진실로 진심을 전할 자신이 있나요? 쇼핑호스트가 되고 싶다면 그거 하나면 충분하거든요. 그렇다면 진실로 진심을 전하기 위해 필요한 것은 무엇일까요? 첫째, 진실인지 아닌지 구분해내는 꼼꼼한 관찰력과 분석적인 시각이 필요해요. 종이 위의 글자만으로 진실인지 아닌지 구분하기는 힘들죠. 직접 써보고 발로 뛰면서 파악해야 진실에 다가갈 수 있어요. 둘째,

고객과의 신뢰가 무엇보다 중요한 요즘, 거짓 없는 참된 마음이 있어야 해요. 진심은 통한다고 하잖아요. 고객과 통해야 세일즈로 이어질 수 있죠. 마지막으로 필요한 건 자신감이에요. 자신감이 있어야 고객에서 상품에 대한 확신을 줄 수 있으니까요. 본인의 아이디어를 바탕으로 탄탄한 기획을 해보고, 그 경험을 쌓아간다면 자신감 넘치는 쇼핑호스트가 될 거라 믿어요. 쇼핑호스트가 되고 싶어 이 책을 펼친 여러분, 진실로 진심을 전할 준비가 되셨나요?

청소년들의 진로와 직업 탐색을 위한
잡프러포즈 시리즈 20

진실을 담아 진심을 전달하는

쇼핑호스트

2018년 11월 11일 | 초판1쇄
2023년 11월 20일 | 초판4쇄

지은이 | 민주홍
펴낸이 | 유윤선
펴낸곳 | 토크쇼

편집인 | 박가영
디자인 | 김경희
마케팅 | 김민영

출판등록 2016년 7월 21일 제2019-000113호
주소 | 서울시 마포구 월드컵북로98, 2층 202호
전화 | 070-4200-0327
팩스 | 070-7966-9327
전자우편 | myys327@gmail.com
ISBN | 979-11-88091-41-6 (43190)
정가 | 15,000원